S. Bernardo dos ventos uivantes:
UM PERCURSO MARXISTA NO CALOR DA
LUTA DE CLASSES

MARGEM DA PALAVRA
SELO DA EDITORA URUTAU
rua do cajú, 478,
jardim das cerejeiras, cotia — sp,
brasil
06724-015

avenida peirao besada, 6, 2D,
poio (pontevedra)
36163
espanha

Tel. [55 11] 94859 2426
[34] 644951354

contato@margemdapalavra.com.br
www.margemdapalavra.com.br

Dados Internacionais de Catalogação na Publicação (CIP)
— Vagner Rodolfo da Silva, CRB-8/9410

P149s

Paiva, Kalina Alessandra Rodrigues de
S. Bernardo dos ventos uivantes: um percurso marxista no calor da luta de classes / Kalina Alessandra Rodrigues de Paiva. — Cotia-SP: Margem da Palavra, 2021. — 148 p.; 15,5x21 cm.

ISBN: 978-65-87814-05-6

1. Teoria literária. 2. Teoria comparada. 3. Memória e narração.
I. Título.

CDD 809
CDU 82.09

Índice para catálogo sistemático:
1. Teoria literária 809
2. Teoria literária 82.09

S. BERNARDO DOS VENTOS UIVANTES: UM PERCURSO MARXISTA NO CALOR DA LUTA DE CLASSES

KALINA ALESSANDRA RODRIGUES DE PAIVA

MARGEM DA PALAVRA

2021

edição | Debora Ribeiro Rendelli e Wladimir Vaz
preparação de texto e revisão | Alexandra Resende
diagramação | Victor Prado
capa | Wladimir Vaz

SUMÁRIO

Dedico este trabalho a todas as pessoas que lutam contra os grilhões do fascismo ou de qualquer outra forma de opressão, seja ela individual ou coletiva.

APRESENTAÇÃO

O Morro dos Ventos Uivantes (1847), de Emily Brontë, chegou até mim em tempos de maturidade. Fui impactada pela leitura em 2010. Confesso que minha reação imediata foi o silêncio, pois eu não sabia exatamente o que fazer, depois de experimentar aquela narrativa. Apenas senti que precisava dizer algo sobre ela. Dessa maneira, foi de forma passional que, em meio a um universo de tantas obras literárias, escolhi esse romance do século XIX para produzir uma análise comparativa. Restava atar à outra ponta: *S. Bernardo* (1934), do mestre Graciliano Ramos.

Buscando pôr em prática algumas recomendações que aprendi com Roland Barthes, procurei tornar o texto acadêmico prazeroso. Prefiro ver um leitor com olhos atentos e água na boca, fruindo a leitura. Para isso, voltei às leituras marxistas que fiz aos 16 anos, quando era aluna do Ensino Médio, engajada com o movimento estudantil.

Penso que o melhor caminho para escrever gêneros acadêmicos em ciências humanas, deve ser aquele que parte das leituras e teorias que incomodam. Dessa forma, encontramos o fio de Ariadne. Caso contrário, aceitamos fazer um pacto com o nosso algoz, quer tenha cabeça de touro ou de serpente.

Marx me forneceu a linha para essa costura que trouxe um novo olhar sobre ambas as obras, pois muniu as análises, permitindo um diálogo com as condições históricas, as quais são responsáveis por forjar homens, nações e culturas. Este livro é uma possibilidade de leitura, amparado nos ombros de outros pensadores, que passaram a olhar a História de baixo para cima, conferindo protagonismo a vozes subalternas, dentro do quebra-cabeça chamado humanidade com todas as suas mutações. São muitos séculos de lutas de classes, por isso o recorte. No caso em questão, um cigano e um agricultor que se tornam proprietários de terras, respectivamente, um na Inglaterra industrial e outro no Brasil da República Velha. Juntas a eles, mulheres como a empregada Nelly Dean e a professora Madalena, símbolos de luta para que suas vozes não sejam silenciadas pelo Estado, pelo pai ou pelo marido.

Enquanto escrevia sobre as relações de poder, no final de 2018, vi emergir no Brasil o monstro da lagoa que foi tomando forma em pele, discurso e ações. Ao sentir os efeitos do recrudescimento do ódio em meu país, motivados pela disseminação de *fake news*, percebi que uma gestão necropolítica estava por vir e aprofundaria os abismos sociais. Discutir aspectos sociais e políticos são vitais para os desdobramentos da humanidade. O homem é o seu discurso.

Espero que as visões aparecidas nesta obra, mediante reflexões a respeito de dois clássicos literários sobre os quais me debrucei, surtam um efeito de busca, questionamentos e respostas nos leitores.

Kalina Paiva

O Quarto Estado. Óleo sobre tela (293 cm X 545 cm) do pintor italiano Giuseppe Pellizza da Volpedo (1850-1893), concluída em 1901 e conservada no Museu do Novecento em Milão.

Até os bois gemem sob o peso do jugo,
e os pássaros se lamentam na gaiola.
Étienne de La Boétie em *Discurso da Servidão Voluntária*

INTRODUÇÃO

Da aparição de um cigano ao apelo corvejado de uma coruja, encontramos avisos de mau presságio. Assim, é iniciada a leitura comparativa entre *O morro dos ventos uivantes*, de Emily Brontë e *S. Bernardo*[1], de Graciliano, que promovem um impacto na alma do leitor, levando-o a refletir sobre até que ponto o ser humano desce ao inferno, dentro de si mesmo, ao se deparar com os nãos que ele ouve das circunstâncias de sua existência e das avassaladoras condições históricas. As obras narram, de forma crua e objetiva, a saga de dois personagens sobre os quais tudo se constrói: Heathcliff e Paulo Honório, respectivamente.

Com raiz no Romantismo tardio e já abraçando os tempos de revolução na Inglaterra do século XIX, *O morro dos ventos uivantes*, em detalhes, oferece o enfrentamento dos sentimentos, os embates psíquicos, arrancando emoções das profundezas, da fonte dos estados de ânimo dos personagens. A vingança, diabolicamente fáustica, move o protagonista Heathcliff de forma inveterada e impulsiva, isto é, com a mesma proporção que alimenta sua obsessão — tal qual a do capitão Ahab na captura de Moby Dick e igualmente meticuloso como Caim. A apoteose do sentimento é sentida pelas vias do testemunho dos narradores e dos personagens — diante de uma história de amor com todos os reveses que um folhetim revolucionário do século XIX poderia proporcionar.

[1] Adotou-se, nesta tese, a abreviação do título *S. Bernardo* por se manter fiel ao título da obra de Graciliano, quando lançada, em 1934.

S. Bernardo, de Graciliano Ramos, por sua vez, ainda em sua abertura, já faz uma ressalva ao leitor: inicia com a divisão do trabalho, certamente porque o protagonista é o próprio narrador, que, como tal, carrega marcas profundas, revividas em memórias na experiência da escrita, resgatando e retrabalhando fatos inesperados e inevitáveis. Sendo assim, a obra do alagoano traz um enredo de amor e morte, em sua superfície, caudalosamente aprofundada/afetada em uma história de enriquecimento, segundo as lógicas do capital.

Isto posto, o objetivo geral deste trabalho visa a contribuir com uma leitura ensaística e comparativa do *corpus* delimitado, costurada com a perspectiva marxista, ressaltando as formas de percepção filosóficas dos séculos XIX e XX, a mentalidade social e a ideologia da época refletidas na estética literária. Para tanto, como objetivos específicos, buscou estudar as formas literárias do romance nos séculos XIX e XX, dentro dos seguintes aspectos: analisando-se o espaço social em que as obras de Emily Brontë e Graciliano foram gestadas, ao se investigar contexto, relações de produção e estética como pontuadores das narrativas; observando-se de que forma a mentalidade social dessa época é condicionada pelas relações sociais; confrontando-se o tempo do enunciador e o tempo da enunciação como estratégias para o desdobramento das narrativas, sob a forma de memórias; localizando-se elementos ideo-estéticos como demarcadores das relações de poder, refletidos tanto na linguagem, quanto na estrutura dos romances; demonstrando-se o uso da memória como ferramenta de captação de tempo e de espaço específicos, ressaltando como as relações de classe são experienciadas, legitimadas e perpetuadas.

Sabendo que a obra literária, de certa forma, determina a abordagem metodológica da pesquisa, foi utilizada a pesquisa bibliográfica, reportando-se, ainda, ao método *materialista dialético-literário*, termo cunhado neste trabalho para se referir à abordagem metodológica do estudo da sociedade e da História em narrativas de ficção, sob o crivo do pensamento marxista e de autores posteriores a Marx, gregários dessa ideologia.

Ciente de que "a crítica marxista analisa a literatura em termos das condições históricas que a produzem; e ela precisa, de maneira similar, estar ciente das suas próprias condições históricas" (EAGLETON, 2011, p. 8), o método é pertinente dentro dos estudos da historicidade das formas literárias dos respectivos períodos, tendo em vista o trabalho da crítica literária marxista que abrange a leitura, a análise e a interpretação, sob a ótica dessas condições de que fala o autor, buscando não só exercer um papel significativo na transformação das sociedades humanas, como também entender as ideologias por meio das quais os homens vivem e concebem a sociedade em diversas épocas.

Sendo assim, o embasamento teórico para a análise foi construído a partir dos textos dos autores citados na referência deste trabalho que tratou de explicar as obras literárias elencadas de maneira mais plena. Não diz respeito meramente à forma como os romances são publicados ou como a classe trabalhadora aparece (EAGLETON, 2011), mas principalmente confere atenção sensível às suas formas, aos seus estilos e aos seus significados, compreendendo-os como produtos de uma História específica.

O capítulo inicial, *Tensões da luta de classes sob vozes que conduzem memórias*, explana o enredo das duas obras, ressaltando especificidades dos narradores e da memória no ato de narrar, além de apresentar um panorama histórico da Inglaterra do século XIX. Neste, é possível entender o empoderamento narrativo, um conceito-chave que se refere à ação social empreendida pelo narrador para incluir vozes narrativas, desacreditadas ou excluídas por questões de gênero, orientação sexual ou etnia, conferindo legitimidade aos seus testemunhos.

Como desdobramento comparativo, em um subcapítulo intitulado *O universo dialético de S. Bernardo*, o Brasil dos anos 1930 aparece como base para, posteriormente, amparar o sentido que a terra carrega, estabelecendo relação entre dois contextos diversos. O latifúndio questiona a demarcação de território pela violência dos processos de aquisição da terra.

Seja no processo de industrialização inglesa, seja no ruralismo brasileiro, a terra é perpassada, em suas dimensões de tempo e espaço, pela ganância humana, representando os laços de poder que isso demanda, por isso o capítulo seguinte, *O homem-propriedade: Heatcliff e Paulo Honório*, propõe uma leitura marxista plausível que sustenta a tese de que a propriedade funciona, simbolicamente, como título de nobreza na busca identitária dos respectivos protagonistas. O teor melancólico atravessa os dois romances, quando a terra — personificada nos personagens — lança seu uivo dilacerador da solidão humana.

O capítulo seguinte, *Submissão e subversão nos papéis femininos: ressonâncias literárias*, discute aspectos sociais e ideológicos relativos às questões de gênero. Neste, a questão da morte autoinfligida é tratada como uma alegoria, visto que — entre outras coisas — desencadeia uma ruptura na noção de propriedade construída, por sua vez, afetando a identidade constituída pelos protagonistas.

Nas considerações finais, a partir de um breve excurso dos desdobramentos da luta de classes, faz-se um paralelo entre os séculos em questão, XIX e XX, referenciados em cada obra em um breve contraponto com o século atual, o XXI.

CAPÍTULO 1

TENSÕES DA LUTA DE CLASSES SOB VOZES QUE CONDUZEM MEMÓRIAS

Quando Marx faz uma análise impiedosa da condição operária em seu *Manifesto Comunista*, publicado em 1848, considera as condições sociais e políticas entre o Estado Político — caracterizado pela liberdade e igualdade dos cidadãos — e a tensa relação do despotismo da fábrica com a precarização da classe trabalhadora. O manifesto é só o começo daquilo que se tornaria um método que mostra e analisa a moderna sociedade burguesa dialeticamente, nascida das ruínas da sociedade feudal. Ainda nesse documento, constata-se que a mais nova sociedade "não eliminou os antagonismos de classe. Ela apenas colocou, no lugar das antigas, novas classes, novas condições de opressão, novas formas de luta." (MARX, 2014a, p. 107). Para a transformação possível, há um preço a ser pago: "ou com uma transformação revolucionária de toda a sociedade, ou com o fim comum das classes em luta." (MARX, 2014a, p. 107).

Marx não apenas escreve sobre a luta entre proletários e burgueses, mas vislumbra uma revolução como consequência disso no III volume de *O Capital* (2017). Para isso, erigiu um método dialético, ao observar as relações de produção, partindo da construção do conceito de mercadoria e apresentando a teoria da mais-valia — presente no volume I de *O Capital* (2011c) — que são pilares da sua crítica à economia política. Tudo isso, *in loco,* quase em tempo real, sob as chaminés inglesas, para explicar todo um modo de produção que há por trás da condição humana do proletário.

Ultrapassando a concepção do homem como uma espécie animal, o seu materialismo histórico trouxe outra ótica para se observar a humanidade: como uma realidade histórica que, em fluxo contínuo e cíclico, alterna regimes. O momento de alternância surge quando há situações intoleráveis, em estruturas esgotadas, que geram entusiasmo para a mudança. Acontece que a mudança, ocorrida em processo revolucionário, tende a direcionar exaltadamente o olhar de quem a anseia e se propõe a construir um novo futuro.

Assim como Freud diagnosticou o mal-estar na civilização, Marx deu nome ao sofrimento no mundo contemporâneo. Para isso, dedicou observação à classe trabalhadora, lançando sensivelmente um olhar à família. Engana-se quem pensa que o Movimento Feminista e os de Contracultura dos anos 60 do século XX foram pioneiros em perceber o núcleo familiar como experiência política, como espaço de embates entre sexos, entre gerações, entre pais e filhos. O antagonismo político é revelado ainda no Manifesto e tratado de forma mais particular em *Sobre o suicídio*, obra cujos casos reais Marx (2016) trouxe em coautoria com Peuchet, comprovando a visão de que o privado é político. Aliás, é nesse momento que Marx dedica uma atenção especial às mulheres.

A família não apenas (re)produz biologicamente os indivíduos como também socialmente, à medida que transmite os valores que formam a consciência. Em *A Ideologia Alemã*, Marx urge em demonstrá-la como parte que constitui relações sociais primordiais, isto é, tanto os indivíduos devem produzir os meios de subsistência quanto (re)produzir outros indivíduos, haja vista que

> A produção da vida, tanto da própria, no trabalho, quanto da alheia, na procriação, surge agora imediatamente como uma dupla relação: por um lado como relação natural, por outro como relação social — social no sentido em que aqui se entende a cooperação de vários indivíduos seja em que circunstância for. (MARX; ENGELS, 2009, p.43).

Se é bem verdade que Marx mostra que o privado é político, já que a crítica social desse pensador está voltada "às condições da vida moderna e de suas relações privadas de propriedade", bem como às relações familiares (MARX; ENGELS, 2009, p. 15), tomou-se a liberdade de considerar as famílias como a primeira experiência da luta de classes. É dentro dessas relações privadas que se encontram vestígios históricos que temperam narrativas imersas na Inglaterra industrial (*Morro dos Ventos Uivantes*) e no Brasil rural dos anos 30 (*S. Bernardo*), visto que a família é uma célula que experimenta e projeta realidades. Assim, foi basilar considerar duas realidades imersas em séculos diferentes, respectivamente, o XIX e o XX, a partir dessas relações familiares — já que essa célula é um ensaio para a vida em sociedade.

Ainda sobre a família, é válido trazer a análise social de Bourdieu (1979), que toma por empréstimo o conceito marxista de capital, sob a forma dos diferentes meios de produção (terras, fábricas, trabalho) e do conjunto de bens econômicos (dinheiro, patrimônio, bens), ampliando sua concepção econômica para uma metáfora que abarcaria tanto o aspecto *cultural* quanto o *social*, fazendo uma distinção entre esses dois últimos, mostrando o espaço social como um campo de lutas no qual os atores (indivíduos e grupos) criam artifícios que permitem manter ou melhorar sua posição social. Para ele, por exemplo, a educação escolar é uma das formas do capital cultural, já que reproduz estruturas sociais e as determina, promovendo a transferência de capitais de uma geração para outra. É nesse espaço que o legado da família se transforma em capital cultural.

Feitas essas considerações, adentra-se nos romances de Emily Brontë e de Graciliano Ramos, que trazem a história de vida de dois protagonistas, anti-heróis, saídos da pobreza para desfrutar o status de proprietários de terras e compor suas famílias. Sobre a composição de personagens, Candido lembra que

> Neste mundo fictício, diferente, as personagens obedecem a uma lei própria. São mais nítidas, mais conscientes, têm contorno defi-

> nido, — ao contrário do caos da vida — pois há nelas uma relação estreita entre a personagem e o autor. Este a tira de si (seja da zona má, da sua zona boa) como realização de virtualidades, que não são projeção de traços, mas sempre modificação, pois o romance transfigura a vida. (CANDIDO, 2018, p. 67)

É oportuno deixar claro que são dois modelos de oprimidos que acabam migrando para a posição de opressores em seus devidos contextos nos seguintes eixos dominantes: *a luta do proletariado*, já que Heathcliff, cigano, proletário rural, se torna um pequeno burguês rural na parte norte inglesa — realidade vivenciada e percebida por Brontë no calor das lutas de classes de uma Inglaterra industrial; *o coronelismo nordestino*, uma vez que Paulo Honório era um agricultor que se torna proprietário de terra. A esse eixo, junta-se um secundário, respectivamente, a busca ingenuamente romântica de Heathcliff pelo amor de Catherine Earnshaw, brutalmente frustrada pelas barreiras socioeconômicas e identitárias[1]; o casamento de Paulo Honório com Madalena que expõe o choque entre a lógica do capital que direciona o estilo de vida do protagonista e o humanismo desta.

Independente de essas personagens serem ou não uma reprodução fiel das realidades dos autores, seja mediante projeção do mundo íntimo dos respectivos escritores em estudo, seja por transposições de modelos externos, essa invenção escrita mantém vínculos necessários com uma realidade matriz, que pode ser elaborada, transformada, modificada, segundo a concepção de cada um. (CANDIDO, 2018).

Nesse sentido, quando os romancistas apresentam seus personagens, empreendem uma força narrativa munida de uma das funções capitais da ficção, que é a de "dar um conhecimento mais completo, mais coerente do que o conhecimento decepcionante e fragmentário que se tem dos seres. Mais ainda: de poder comunicar este conhecimento." (CANDIDO, 2018, p.

[1] No segundo capítulo, será aprofundada uma discussão sobre a identidade, relacionada à visão materialista da formação da riqueza.

64). Na experiência de leitura, isso se traduz da seguinte forma: é como se cada personagem fosse um rio caudaloso no qual o leitor mergulha sem a necessidade de equipamento de mergulho. É diante dessa essência escancarada que se experimenta o ser.

"Mais densa e mais eloquente que a vida cotidiana, mas não radicalmente diferente, a literatura amplia o nosso universo, incita-nos a imaginar outras maneiras de concebê-lo e organizá-lo." (TODOROV, 2010, p. 23). Não por acaso, Todorov revelou que o contato com alguns personagens da literatura o preparou e ajudou a lidar com pessoas e problemas reais com quem conviveu, ou sobre quem estudou, pois aquilo que o ser humano esconde, a literatura expõe. Eis o efeito dessa experiência de leitura comparativa.

Nessa experiência chamada existência, o ser só é conhecido por todos que o cercam quando morre, uma vez que a morte é um limite definitivo dos seus atos e pensamentos e depois dela é possível elaborar uma interpretação completa, provida de mais lógica. Já na experiência literária de *S. Bernardo*, por exemplo, é possível desfrutar de um inventário que Paulo Honório faz de si mesmo, conduzindo para um domínio de conhecimento absoluto e fazendo perceber o que há de insólito nas pessoas que se reputa conhecer. Esse narrador surpreende à medida que, de modo confessional, expõe inesperadamente duas áreas da sua vida, a saber, a essência e a existência.

Candido explica que essa

> [...] noção de mistério dos seres, produzindo as condutas inesperadas, sempre esteve presente na criação de forma mais ou menos consciente, bastando lembrar o mundo das personagens de Shakespeare. Mas só foi conscientemente desenvolvida por certos escritores do século XIX, como tentativa de sugerir e desvendar, seja o mistério psicológico dos seres, seja o mistério metafísico da própria existência. (CANDIDO, 2018, p. 57)

Sabendo que "a personagem vive o enredo e as ideias, e os torna vivos" (CANDIDO, 1992, p. 54), os protagonistas dos romances estudados recriam um acontecimento real que se une ao enredo, constituindo a materialidade do romance literário. São romances sobre oprimidos e suas relações com a sociedade depois que ascendem socialmente, como se isso consolidasse suas identidades, no que tange ao sentimento de pertença a um sistema que os relegou à inexpressividade, à não existência social no início de suas vidas.

A narrativa de Brontë conserva sua força. Para uma obra do século XIX, *O Morro dos Ventos Uivantes* adota uma estrutura peculiar: a ilusão narrativa de que o Sr. Lockwood, locatário de *Thrushcross Grange*, que chega à região em 1801, é o narrador em primeira pessoa. Contudo, essa impressão é rompida no terceiro capítulo, quando ele visita *Wuthering Heights*, onde reside seu vizinho e locador, Heathcliff. Desse momento em diante, Nelly Dean, empregada dos Earnshaw há três gerações, ganha voz em primeira pessoa, passando a ser segunda narradora, propiciando a continuidade da narrativa.

Nelly Dean é leitora voraz e isso a diferencia dos criados, porém, só se descobre isso no capítulo 7 do romance:

> [...] li mais do que o senhor imaginava, sr. Lockwood. Não há um único livro nesta biblioteca [de *Thrushcross*] que eu não tenha lido, e do qual não tenha também tirado algo, a menos que esteja em grego ou latim, ou então em francês... e sei distinguir um idioma do outro, o que é o máximo que se pode esperar da filha de um homem pobre. (BRONTË, 2016, p. 90-91)

De certa forma, Brontë subverte a voz masculina, criando um recurso-chave dentro do romance, a saber, *empoderamento narrativo* que significa a ação social empreendida pelo narrador para incluir vozes narrativas, desacreditadas ou excluídas por questões de gênero, orientação sexual ou etnia, conferindo legitimidade aos seus testemunhos. Tal conceito, criado nesta tese, se estende para qualquer obra literária que tenha sido produzida em contextos históricos nos quais há *silenciamento de falas*[2]; há luta pela igualdade civil; ou nos quais se vive em regimes opostos ao Estado Democrático de Direito.

Nesta tese, o silenciamento de fala deve ser entendido como algo ligado à História e à ideologia, deslocando-se o conceito de língua em sua autonomia absoluta (como é vista na linguística) para a autonomia relativa (pensando a materialidade histórica). Segundo essa lógica,

> a ideologia não funciona como um mecanismo fechado (e sem falhas) nem a língua como um sistema homogêneo. [...] A ideologia se produz justamente no ponto de encontro da materialidade da língua como a materialidade da história. Como o discurso é o lugar desse encontro, é no discurso (materialidade específica da ideologia) que melhor podemos observar esse ponto de articulação. (ORLANDI, 2015, p. 19-20)

Exatamente por isso, na perspectiva discursiva, o silêncio reflete um ponto de tensão, de confronto ideológico. Assim, o *empoderamento narrativo* está do outro lado da moeda em que se encontra o *silêncio* que não é mero complemento de linguagem e sim garantia do movimento de sentidos, muito embora se diga algo através desses dois mecanismos de linguagem.

Esse tipo de recurso, o empoderamento narrativo, aparece atrelado à narrativa-moldura (*frame story*), também conhecida como relato emoldurado ou história emoldurada, uma técnica que insere uma história dentro de outra já iniciada, contudo enfatiza a segunda narrativa ou conjunto de narrativas curtas inseridas, criando um efeito de complexidade enunciativa sem que o enredo se perca. (CHINITA, 2013).

---

[2] O conceito de silenciamento que ampara as análises tem como referência-base a análise do discurso francesa, especificamente, Pêcheux, uma vez que esse autor considera o discurso como lugar de contrato entre língua e ideologia.

Não por acaso o narrador de Brontë se chama Lockwood. A composição do seu nome reúne "lock" e "wood", respectivamente, trancar e madeira. De fato, ele é o narrador-moldura que abre e fecha o romance.

É dessa forma que o romance dá voz à empregada que, na verdade, passa a ser a narradora principal, já que a essa altura o leitor se esquece do Sr. Lockwood por um longo tempo de leitura e também porque toma conhecimento de toda a história, através da voz de Nelly. Por mais que narrar seja uma forma particular de ver o mundo, ao mesmo tempo, Benjamin (1986) diz ser um ato político e não se deve esquecer isso. Quando alguém reconta, traz uma história inacabada, já que o ato de narrar passa a ser uma experiência do narrador com o passado em um dado presente.

Nesse exercício, o narrador preenche lacunas que a memória deixa em aberto. Narrar é recuperar peças de um quebra-cabeça que aparece com partes extras para ser montado, mediante uma seleção arguta de lembranças. Em outras palavras,

> Uma lembrança é um diamante bruto que precisa ser lapidado pelo espírito. Sem o trabalho da reflexão e da localização, ela seria uma imagem fugidia. O sentimento também precisa acompanhá-la para que ela não seja uma repetição do estado antigo, mas uma reaparição. (BOSI, 2012, p. 21)

A memória cumpre o papel de resistir ao apagamento, já que busca inscrever aquilo que a sociedade procura apagar. Nesse sentido, ainda no século XVIII, com a mudança da concepção da arte como mera imitação, a *mimesis*, os românticos trouxeram como advento estético a reinvenção da relação entre ficcionalidade e mundo real. Certamente, por isso, encontra-se na obra de Emily aquilo que Benjamin ressaltou em 1940, que todo documento de cultura testemunha a barbárie. Por trás da trágica história de amor, existe a violência com que o povo inglês trata um garoto de rua, cigano, sem nome, que passa a ser chamado de Heathcliff pelos próprios ingleses, inscrevendo em sua vida um destino tempestuoso. Brontë contra-arquiva a barbárie, quando dá voz a um dos maiores medos do povo inglês personificados na figura do estrangeiro, revelando rastros desse modo inglês em camadas.

Além disso, em suas Teses sobre o conceito de História, ele ressalta um detalhe implícito na memória, quando articulada historicamente ao passado:

> [...] não significa conhecê-lo *[o passado]* como, de fato, foi. Significa apropriar-se de uma reminiscência, tal como ela relampeja no momento de um perigo. Cabe ao materialismo histórico fixar uma imagem do passado, como ela se apresenta, no momento do perigo, ao sujeito histórico, sem que ele tenha consciência disso. O perigo ameaça tanto a existência da tradição como os que a recebem. Para ambos, o perigo é o mesmo: entregar-se às classes dominantes, como seu instrumento. Em cada época, é preciso arrancar a tradição ao conformismo, que quer apoderar-se dela. Pois o Messias não vem apenas como salvador, ele vem também como o vencedor do Anticristo. O dom de despertar no passado as centelhas da esperança é privilégio exclusivo do historiador convencido de que também os mortos não estarão em segurança se o inimigo vencer. E esse inimigo não tem cessado de vencer. (BENJAMIN, 1994, p. 222).

Janz, refletindo a respeito dos estudos de Benjamin sobre rastro e aura, destacou o caráter dialético entre eles:

> O rastro é a aparição de uma proximidade, por mais longínquo esteja aquilo que o deixou. A aura é a aparição de algo longínquo, por mais próximo que esteja aquilo que a evoca. No rastro, apoderamo-nos da coisa; na aura, ela se apodera de nós. (JANZ, 2012, p. 19)

Ao deixar rastros sobre o universo à revelia de Heathcliff, conferindo-lhe voz, Brontë se apodera de narrativas caladas e apagadas. Ela junta os restos, coleciona as ruínas para salvar os fragmentos da realidade.

Quando a arte estreita relacionamento com a verdade, mesmo de forma subjetiva, não há diferença entre ficção, falsificação, ilusão e realidade, pois ela aposta em uma nova autenticidade, engajada em elaborar, inscrever e denunciar, por exemplo, essa violência explícita ou velada do povo inglês para com o estrangeiro.

Que tipo de rastro ela capta? Todos aqueles que aparecem na esfera da intimidade, no âmbito privado, familiar. Ela reinventa a esfera da intimidade de tal forma que inova até a forma de narrar, recorrendo ao caráter confessional.

Para a época, o romance de Brontë possui duas características defendidas por Benjamin (1996) como inerentes à arte da narrativa: é surpreendente sem usar explicações; passa experiências de uma pessoa para outra, recuperando a tradição oral em um romance. À semelhança das piscadelas irônicas de Machado sobre o comportamento social em seus romances, Brontë traz uma fina ironia, ao subverter tempo, espaço e estética do romance, empoderando uma empregada como narradora-âncora em uma época na qual mulheres escritoras são rechaçadas pelo mercado editorial — é válido lembrar que Brontë e suas irmãs passam por isso — e inserindo um cigano, como protagonista, quando a xenofobia aos ciganos era um traço cultural muito forte no povo inglês.

Além de Nelly, aparecem terceiros, novos narradores que ganham uma participação nessa teia de memórias, através da voz da empregada. Essas novas vozes são introduzidas em primeira pessoa também. Dessa forma, o enredo — que não possui um fluxo cronológico contínuo — se desdobra em mais de um narrador. Ao final, porém, percebe-se que Lockwood realiza um amálgama de vozes. Isso é possível porque, segundo Bakhtin, essa voz narrativa está repleta de "ecos e ressonâncias de outros enunciados com os quais está ligado pela identidade da esfera de comunicação discursiva" (BAKHTIN, 2006, p. 297). Em outras palavras, ela é uma maneira semântico-social, depositada na palavra, que dialoga com outras vozes que a precedem e sucedem, formando um elo de comunicação verbal.

É necessário destacar, porém, que tudo está sob o controle de Lockwood. O uso da primeira pessoa em todas as vozes do romance disfarça essa estrutura complexa e traz o leitor para bem perto do universo familiar, já que essa narrativa tecida "não está interessada em transmitir o 'puro em si' da coisa narrada como uma informação ou relatório. Ela mergulha a coisa na vida do narrador para em seguida retirá-la dele." (BENJAMIN, 1996, p. 205).

Com organização temporal não contínua, incomum nos romances vitorianos, a narrativa se organiza da seguinte forma: inicia em 1801, data que demarca o tempo da narração no presente; recua 30 anos, exatamente em 1771, quando Heathcliff chega a *Wuthering Heights*; avança 27 anos no período em que começa a interação entre as duas famílias, a saber, Earnshaw em *Wuthering Heights*, e Linton em *Thrushcross Grange*; volta ao presente 1801; avança dois anos, 1802 e 1803. (Cf. Fig. 1 - Linha do Tempo).

Somente no século XX, com o Modernismo, isto é, sete décadas após a morte da escritora, a não linearidade e as multivozes narrativas passariam a predominar como recursos de construção literária. A julgar pela recepção — com estranhamento — do público leitor e da crítica, o século XIX parecia não estar preparado para algo assim, através de uma escritora.

O Morro dos Ventos Uivantes pinta a narrativa com todas as cores da melancolia — sob a pena sutil da galhofa, que é violenta nas intensidades das emoções; humana em estado selvagem e bela porque conta a história de amor frustrada entre Heathcliff e Catherine Earnshaw, a Cathy. A respeito dessa obra, reitera-se a visão de Dante Gabriel Rosetti quando disse que "as ações se passam no inferno, só que os lugares e as pessoas têm nomes ingleses".

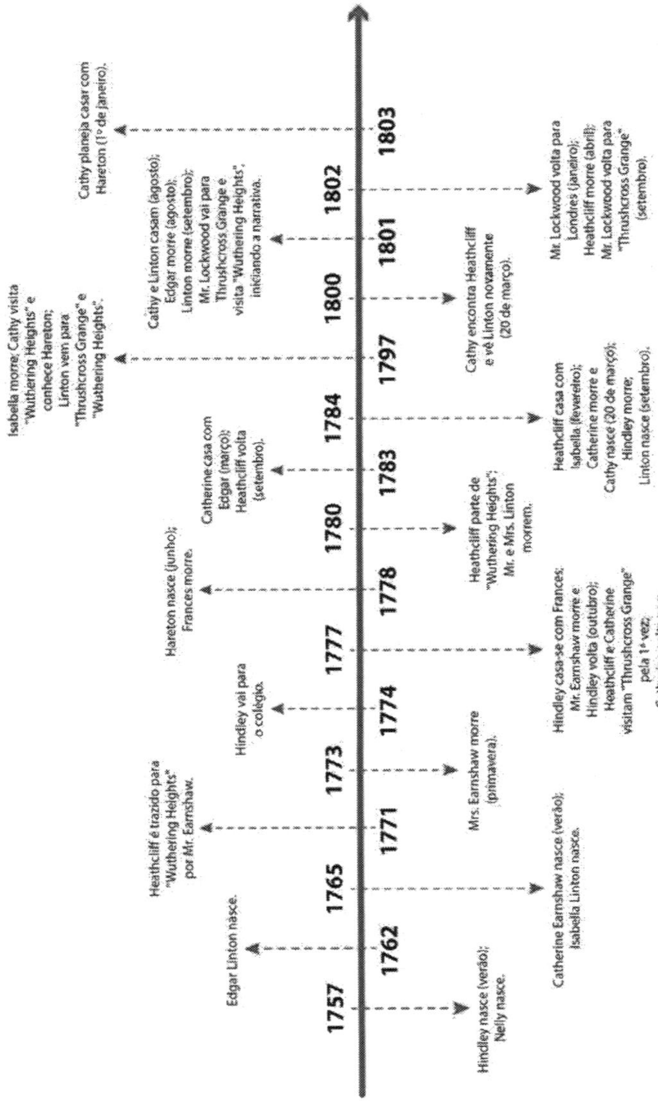

Fig. 1 Linha do Tempo em O Morro dos Ventos Uivantes
Fonte: Imagem criada para uso exclusivo na tese. (maio/2019)

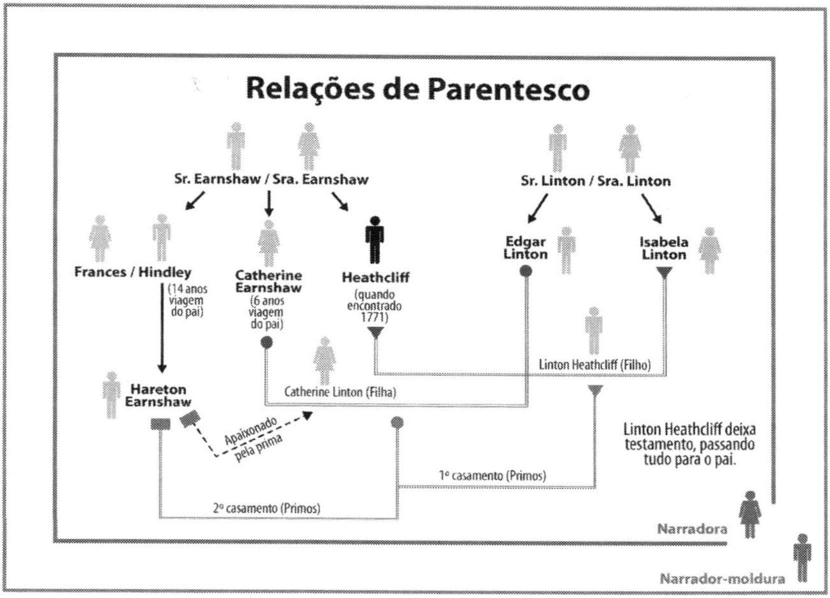

Fig. 2 Relações de Parentesco em O Morro dos Ventos Uivantes
Fonte: Imagem criada para uso exclusivo na tese. (agosto/2018)

O próprio nome dessa personagem funciona como prenúncio de que todos que dele se aproximam são tragados pela sua dor. *Heath*, do inglês, significa terreno árido, pedregoso, nada fértil — em português, charneca; *cliff*, denota despenhadeiro. Dessa forma, a narrativa traz a história de vida de um homem árido, uma personificação da terra melancolicamente solitária, por conseguinte austera.

Dividida em duas partes, estruturada em 34 capítulos, toma-se conhecimento de toda a história, através de dois narradores que se revezam durante o enredo: Mr. Lockwood, locatário da propriedade; e Nelly Dean, empregada que, na verdade, é um elemento-chave presente na fazenda antes da chegada de Heathcliff, na primeira saída dele e no retorno desse personagem ao local, dessa vez, passando a ser o proprietário, mediante pagamento de uma dívida de jogo do seu irmão Hindley.

Existe, inclusive, uma ironia velada na escolha dos narradores. Eles são ingleses, narrando segundo sua ótica racial e religiosa a história de Heathcliff, protagonista da história que, na verdade, é um cigano que subjuga os ingleses dentro da Inglaterra e desconstrói a representação subalterna do estrangeiro. Com esse procedimento narrativo, a escritora inglesa, em plena Era Vitoriana, rompe com a herança literária herdada, em termos ideo-estéticos. Tudo isso porque, embora

> [...] tenha diante de si uma literatura majoritariamente nacionalista e eurocêntrica, fiel ao padrão de narrativas sob a ótica imperialista — propõe um olhar diferente para as relações coloniais ao trazer para o centro do debate as agruras de um estrangeiro que de vítima do imperialismo inglês assume a postura comum dos colonizadores e impõe um colonialismo de forma reversa aos seus antigos opressores, subvertendo a ordem natural das relações coloniais em seu texto ficcional. (DIAS, 2011, p. 14)

Eagleton (2005) deixa evidente que essa escritora conhecia na prática o que era ser *o outro* em sua própria sociedade, já que foi professora, em 1838, aos 20 anos de idade na cidade de Halifax, no Condado de Yorkshire, trabalhando 17 horas por dia. Também lecionou em Bruxelas, na Bélgica, em 1842. Nesse período, as lutas proletárias por melhores condições de trabalho já aconteciam na Inglaterra e ela, arguta observadora, demonstrava sentir a realidade do mundo burguês.

Para se ter ideia, no livro *A situação da classe trabalhadora na Inglaterra*, após dedicar suas horas de descanso à convivência com essa categoria, Engels observou o cotidiano *in loco*, fez um levantamento com dados estatísticos, extraídos de documentos públicos, sobre a condição deles, analisou-os e, com isso, denunciou o que o capitalismo estava fazendo com os trabalhadores:

> Eis o ponto a que chegamos na Inglaterra, onde a burguesia, que sabe todos os dias pelos jornais o que está acontecendo, mantém-se inteiramente despreocupada. Burguesia que não poderá queixar-se quando, apoiado na documentação oficial ou não que citei e que ela deve conhecer, eu a acuso abertamente de assassinato social. Das duas, uma: ou toma as providências necessárias para remediar esse espantoso estado de coisas ou entrega à classe operária a administração dos interesses públicos. (ENGELS, 2015, p. 149)

O assassinato social diz respeito às condições miseráveis de moradia, às doenças que acometiam a população e as condições desumanas de trabalho. A educação era bastante precária. Normalmente, competia às fábricas oferecer formação aos trabalhadores; as igrejas, por sua vez, ofereciam o pior tipo de educação, na realidade, transformava pessoas em analfabetos funcionais. O trabalhador fabril, diferente do escravo feudal, não tinha uma porção de terra para subsistir. A perspectiva de vida chegava a "35 anos para as classes altas (gentry, professional mena etc); de 22 anos para os homens de negócios e os artesãos abastados" (ENGELS, 2015, p. 147); 15 anos para operários (muitos deles imigrantes), jornaleiros e domésticos na Liverpool de 1840. Na cidade, doenças do sistema nervoso eram cinco vezes mais numerosas que no campo; do aparelho digestivo, duas vezes mais que no campo; as pulmonares, duas vezes e meia. Casos de varíola, sarampo, coqueluche, escarlatina e tuberculose eram quatro vezes maiores na cidade. 57% dos filhos de operários morriam antes de completar 5 anos de idade; 20% dos filhos da classe alta; 32% nas zonas rurais, segundo um relatório de Manchester que Engels (2015) cita na obra.

Em uma análise dos resultados, assim o autor se refere ao tratamento burguês à classe operária:

> Quando a sociedade põe centenas de proletários numa situação tal que ficam obrigatoriamente expostos à morte prematura, antinatural, morte tão violenta quanto a provocada por uma espada ou um projétil; quando ela priva milhares de indivíduos do necessário à existência, pondo-os numa situação em que lhes

> é impossível subsistir; quando ela os constrange, pela força da lei, a permanecer nessa situação até que a morte (sua consequência inevitável) sobrevenha; quando ela sabe, e está farta de saber, que os indivíduos haverão de sucumbir nessa situação e, apesar disso, a mantém, então o que ela comete é assassinato. Assassinato idêntico ao perpetrado por um indivíduo, apenas mais dissimulado e pérfido, um assassinato: o assassino é todo mundo e ninguém, a morte da vítima parece natural, o crime não se processa por ação, mas por omissão — entretanto não deixa de ser um assassinato. (ENGELS, 2015, p. 135-136)

Nas entrelinhas do romance, é perceptível a situação da classe trabalhadora inglesa agrária, a partir das relações de trabalho nas propriedades *Wuthering Heighs* e em *Thrushcross Grange*. Sobre as cidades, temos elementos sutis implícitos, presentes na viagem do Sr. Earnshaw, pai de Catherine, na chegada do locatário Sr. Lockwood, no desaparecimento de Heathcliff em determinado momento do enredo e a forma como volta: um lorde inglês. Isso será discutido mais adiante, no próximo capítulo.

A situação de Emily era complexa. Vivia em uma região permeada de tensões entre o ambiente agrário e o industrial, cuja militância da classe trabalhadora era expressiva. Sua vida pessoal era socialmente ambígua: era filha de um pastor pobre com acesso à educação de qualidade, cercada de pessoas tão pobres quanto sua família, porém sem a mesma educação — Nelly Dean tem perfil semelhante. Isso, certamente, explica o fato de trabalhar com temáticas nada femininas, segundo as regras invisíveis do mercado editorial impostas à escrita feminina.

Além de representar *o outro*, oferece uma obra polifônica por excelência, com detalhes das histórias de vida dos personagens, através de cartas que são lidas, anotações, diários, entre outros recursos que colaboram para juntar essas vozes em camadas sobre as quais se estrutura a narrativa.

Bem ao estilo dos folhetins do período, a "quebra" da narrativa em duas partes provoca suspense no leitor. A primeira se encerra com o retorno de Heathcliff, decidindo visitar Catherine que se encontra mentalmente perturbada e doente, mesmo com a vã tentativa de Nelly ao buscar dissuadi-lo da tarefa. A segunda parte, uma guinada do enredo, com direito a um mergulho profundo na atmosfera mais pesada — brutal nas emoções — e melancólica da narrativa, coincide com a visita de Heathcliff a Cathy, seguida da morte dessa personagem.

Para se entender a anatomia psicológica do protagonista e suas transformações ao longo da narrativa, é necessária uma breve retrospectiva.

Tudo começa quando o Sr. Earnshaw, pai de Catherine, faz uma viagem à Inglaterra e encontra o pequeno Heathcliff em Liverpool, um menino de rua, no porto comercial mais relevante do país, onde se comercializavam não-brancos. Ele decide adotá-lo. O pequeno cigano, dadas as suas fortes características físicas — cabelos negros, volumosos e crespos, além da pele escura —, carregava as marcas de um colonizado, isto é, teve a sua originalidade local e cultural amputadas. Isolado do seu povo e pelo fato de ainda ser criança, consequentemente perde a capacidade de se expressar em seu idioma nativo sendo impresso nele um complexo de inferioridade cultural. Ressalte-se que o medo de miscigenação era visível no tratamento e nas formas linguístico-culturais dos ingleses.

Ao regressar para casa com a "novidade", percebe-se que um clima de tensão já se instaura entre o novo integrante da família e a mãe. Em seguida, com o filho mais velho, Hindley, e, finalmente, a irmã, Cathy. Em face do estranhamento, o Sr. Earnshaw se pronuncia a respeito. Nelly Dean narra, inserindo o leitor em um presente rememorado:

> — Veja, mulher! Nunca fui tão castigado por algo em toda a minha vida; mas você deve considerá-lo um presente de Deus, mesmo sendo tão escuro que mais parece ter vindo do Diabo.
> [...] quando o puseram de pé só o que fez foi ficar olhando ao redor e repetir umas palavras sem nexo que ninguém conseguia entender. Fiquei com medo, e a Sra. Earnshaw estava a ponto de atirá-lo para fora. Ficou furiosa, perguntando ao marido o que tinha dado nele para trazer aquele cigano para dentro de casa, quando já tinham filhos para alimentar e cuidar. (BRONTË, 2016, p. 65)

No período da viagem feita pelo Sr. Earnshaw, em 1771, a cidade de Liverpool era o mais importante porto de escravos da Inglaterra, haja vista ser um centro comercial internacional, recebendo navios, mercadorias e indivíduos dos quatro continentes. O estranhamento étnico aparece em diversas passagens do romance em diferentes personagens. Ele é o estranho, o intruso, um goblin[3], um ghoul[4] ou vampiro (BRONTË, 2016, p. 350-351) para os ingleses, embora seja mostrado por Nelly Dean "dócil como um cordeiro, ainda que por estoicismo, e não por mansidão." (BRONTË, 2016, p. 67).

Não por acaso os seres e os elementos sobrenaturais se referem à figura de um estrangeiro, um cigano. O universo romântico de Brontë traz elementos mágicos, mesclando os folclores inglês, árabe e da cultura nórdica que, com maestria, ela usa como prenúncio ainda tímido do que se tornaria uma proposta antropofágica modernista em décadas posteriores. O caráter mágico é uma aura na constituição do perfil de Heathcliff. Esse é o recurso por meio do qual ela constrói uma crítica à xenofobia tão explícita na Inglaterra do período.

Em face do outro, do diferente, o inglês tem seu medo aflorado porque o mesmo ser que inspira repulsa por plantar um medo da perda de uma identidade individual ou coletiva é o mesmo que inspira desejos, provocando reações libidinais de difícil controle.

Segundo Albuquerque Jr. (2016), Lévi-Strauss mostra que, ao se deparar com esse outro, a humanidade cessa nas fronteiras da tribo e do grupo linguístico e isso é suficiente para transfigurá-lo em um fantasma ou aparição.

> Não possuir a mesma carne, o mesmo corpo, pode levar ao questionamento da própria condição de humanidade do outro, ou, pelo menos, considerar que aquele corpo ocupa um lugar inferior na escala do que seria humano. (ALBUQUERQUE JÚNIOR, 2016, p. 19)

---

[3] Inimigos dos gnomos e seres do mal, assemelham-se aos duendes.

[4] O ghoul é um demônio da mitologia árabe que se alimenta de carne humana.

Para agravar a situação, no século XVIII iluminista, as doutrinas racialistas deram amparo científico à concepção de xenofobia para estudo da História e de grupos humanos. Com isso, a visão de pertencimento é construída a partir dos padrões de povos colonizadores, com linhagem de sangue e genealogia definidas.

Albuquerque Júnior esclarece algo importante sobre os ciganos: "Tendo chegado à Europa, vindos da Índia, ainda na Idade Média, os ciganos têm sido vítimas constantes de xenofobia e racismo em todos os países europeus e em vários outros países." (2016, p. 31).

No contexto do romance, fazendo um recorte, o encontro do cigano com seu novo lar revela o choque entre o ser civilizado com o povo exótico, inicialmente, pelos atributos físicos, em seguida, por meio da linguagem incompreensível que causa estranhamento: "[...] quando o puseram de pé só o que fez foi ficar olhando ao redor e repetir umas palavras sem nexo que ninguém conseguia entender." (BRONTË, 2016, p. 65).

Outro aspecto do lado sobrenatural da obra de Brontë mantém vínculo com a estética romântica, por meio do estilo gótico impresso no amor do protagonista e na atmosfera lúgubre. Sobre o gótico, Maggie Kilgour *apud* Davison (2009, p. 38) revela que

> [...] é, portanto, uma visão de pesadelo de um mundo moderno, feito de indivíduos separados, que se dissolveu em relações predatórias e demoníacas que não podem ser reconciliadas numa ordem social saudável.

A crítica literária vê o gótico como

> um termo geral e derrogatório para a Idade Média que conjurava ideias de costumes e práticas bárbaras, de superstição, ignorância, imaginação extravagante e selvageria natural. (BOTTING, 1997, p. 22)

Assim, é compreensível que monstros da literatura gótica, tais como vampiros, lobisomens, zumbis (mortos-vivos) e até mesmo a morte transfigurada devem ser observados e analisados com relação a sua identificação com as minorias presentes na Europa.

Por outro lado, sabe-se que no início do século XIX, a ciência é posta em evidência por efeito da Revolução Industrial. Sendo assim, a literatura — que não passa incólume em períodos de mudanças históricas — também incorpora essa atmosfera em suas narrativas. A exemplo disso, na obra de Emily Brontë, há uma passagem emblemática de experiência com a eletricidade, trazendo uma ressonância literária de Frankenstein, obra de Mary Shelley, já que se trata de um momento em que Heathcliff sente a presença fantasmagórica de Cathy:

> Heathcliff estava parado junto à entrada, de camisa e calça, uma vela escorrendo em seus dedos e o rosto tão branco quanto a parede atrás dele. O primeiro estalido do carvalho sobressaltou-o como se fosse um choque elétrico. (BRONTË, 2016, p. 54)

O choque, em sentido figurado na personagem de Brontë, rememora a experiência elétrica que deu vida à Frankenstein. É válido notar o binômio vida/morte presente nas personagens ligadas pelo choque: em Brontë, da morte para a fantasmagoria; em Shelley, da morte para uma quase-vida, já que se tem um *morto-vivo* — termo usado por Nelly para se referir a Heathcliff.

A verdade é que toda a ideia de progresso arrolada à Revolução Industrial mudou a sociedade europeia, já que a ciência era vista como o passaporte para uma nova era, sendo elevada à condição de instrumento utópico. As novas políticas de classe e o desenvolvimento da burguesia foram responsáveis pela criação de novas sociedades e organizações científicas tanto na Europa quanto na América. A ciência como forma de conhecimento se destacou dentre os outros sistemas de saber, no processo, as dicotomias entre o puro e o impuro, o racional e o irracional, o objetivo e o subjetivo, o duro e o suave, o macho e a fêmea, foram imbuídas de naturalidade.

Se a ciência era então o produto de mentes (brancas) masculinas que alegavam imparcialidade crítica e objetividade, o impuro, o irracional e o subjetivo tornaram-se automaticamente relacionados às mulheres, grupos minoritários e classes sociais que diferiam do grupo caucasiano elitista. O resultado dessa dicotomia foi um abismo social entre a alta cultura, incorporada pelos homens de conhecimento, e a cultura popular representada pelas minorias que não faziam parte desse sistema dominante.

Sobre a cultura cigana, Brontë não mostra exatamente um detalhe sobre Heathcliff que se configura como traço marcante das comunidades ciganas, a saber, são

> fechadas culturalmente, resistentes a se integrarem na cultura das sociedades em que vivem. Em nome da preservação das suas tradições, evitam a integração na cultura dos *gadjês,* os não ciganos." (ALBUQUERQUE JÚNIOR, 2016, p. 35)

A língua falada pelos ciganos só pode ser ensinada a pessoas igualmente ciganas. É nômade também, já que se trata de uma língua ágrafa, transmitida pela tradição oral. Certamente por isso, são vistos com desconfiança quando falam entre si.

Desse modo, Emily Brontë acaba se tornando uma precursora de um estilo que seria aprimorado nas Vanguardas Europeias, antes de acontecerem os movimentos, com esse romance de transição, mesmo que não tenha sido mencionada como tal no cânone literário. Ela transita do romantismo tardio ao movimento de vanguarda antecipando-se em sete décadas, notadamente tanto pela nova forma de narrar, quebrando paradigmas da estrutura do romance inglês, quanto pelo potencial simbólico de Heathcliff que não é somente um homem, mas uma alegoria do medo coletivo em face do perigo de se ter um patrimônio devorado e, com ele, ser varrido para o ermo, um modo inglês de ser, *antropotragado*, consequentemente esquecido.

Catherine e Heathcliff têm, praticamente, a mesma idade, fato que, paulatinamente, torna-os próximos e amigos de infância, porém os demais membros do núcleo familiar o julgam estranho. Com o tempo, a insatisfação do filho mais velho ganha um maior relevo dentro da narrativa, ao perceber que o pai favorece o cigano. Na verdade, por Heathcliff ter um comportamento mais submisso, o pai passa a nutrir um carinho especial e, por não existirem motivos, não disciplina o filho adotivo. Em contrapartida, Hindley, impulsivo e inflexível a algumas ordens do pai, sempre é punido, aumentando seu ódio e jurando vingar-se do irmão adotivo tão logo o pai venha a falecer. É importante chamar atenção para o caráter subserviente do estrangeiro nômade em choque com a autonomia de um indivíduo sedentário, uma vez que essa diferença é vista coletivamente pelos ingleses como se eles e os estrangeiros estivessem em diferentes níveis de evolução. É algo que está no inconsciente coletivo de um povo que institui em suas práticas socioculturais a xenofobia.

À medida que se percebe a forma com que Nelly se refere à convivência do pai com os dois filhos, ela pontua o processo de espoliação de afeto e, consequentemente, de patrimônio que se instala como ponto de tensão, justificando o comportamento rude de Hindley para com o irmão cigano. As atitudes do irmão mais velho, ao longo do romance, desenham no ar um questionamento: como um ser de nível inferior, de repente, se torna uma ameaça ao protagonismo socioeconômico de um herdeiro legal?

Com a morte do Sr. Earnshaw, Hindley toma duas decisões — que compõem uma velha fórmula para se tiranizar regimes, matando trabalhadores e sistemas democráticos — com relação ao irmão adotivo para excluí-lo do núcleo familiar: priva-o da educação e o submete à condição de trabalhador braçal da fazenda, em regime de trabalho exaustivo.

Se Heathcliff sentira o peso da exclusão e da desumanização em uma tenra idade, na adolescência, revive a experiência, tendo os seus direitos de filho negados. Isso fica nítido na proibição expressa pelo irmão, impedindo-o de circular livremente até pela casa. Seus novos aposentos: o celeiro da fazenda.

Para agravar a situação, Hindley usa vários subterfúgios para sabotar a amizade existente entre o jovem e a irmã, dentre eles aproxima Catherine à família Lintons, dona da rica e abastada fazenda *Thrush Cross*. Com essa aproximação, Edgar Lintons passa a gostar de Cathy, gerando ciúme no irmão adotivo. Com o passar do tempo, inevitavelmente, acontece o pedido de casamento do jovem Linton, aceito por Catherine.

Exatamente no capítulo 9, um dos mais importantes, Heathcliff ouve, sem ser visto, uma conversa entre Catherine e Nelly, sobre a aceitação do pedido de casamento com Edgar e a recusa do amor por Heathcliff.

> — Não estou caçoando, Srta. Catherine — repliquei. — Você ama o Sr. Edgar porque ele é belo, jovem, alegre, rico e a ama. Essa última razão não interessa: você o amaria mesmo que ele não a amasse, acho eu; mas não o amaria se ele não possuísse as outras quatro atrações.
> [...]
> — Não preciso da sua permissão... eu vou casar com ele. Mas você ainda não me disse se eu faço bem.
> — Muito bem, se é que as pessoas fazem bem em casar pensando apenas no presente. Agora, gostaria de saber por que é que está tão infeliz. Seu irmão vai ficar muito satisfeito; os pais do Sr. Edgar decerto não porão obstáculos; você sairá de uma casa desordenada e sem conforto para um lar farto e respeitável; e vocês se amam. Tudo me parece um céu aberto. Onde está a infelicidade?
> — Aqui! e aqui! — respondeu Catherine, batendo com uma mão na testa e a outra no peito. — Onde quer que a alma resida. No fundo da minha alma e do meu coração, estou convencida de estar errada!
> — Isso é muito estranho! Não entendo!
> — É esse o meu segredo. Mas, se você não caçoar de mim, eu lhe explicarei. Não posso fazê-lo muito bem; apenas vou dar-lhe uma ideia do que eu sinto.
> [...]
> — Não tenho mais razão para casar com Edgar Linton do que para estar no céu e, se esse homem perverso que é o meu irmão não

tivesse feito Heathcliff descer tanto, eu nem teria pensado nisso. Mas agora eu me degradaria se casasse com Heathcliff, por isso ele nunca há de saber o quanto o amo: e não porque ele seja belo, Nelly, mas por ele ser mais eu do que eu própria. *Não sei de que são feitas as nossas almas, mas elas são iguais* [grifo nosso]; e a de Linton é tão diferente da minha quanto um raio de lua é diferente de um relâmpago, ou o fogo da geada.

— E, se você for o objeto da sua escolha, ele será a mais infeliz criatura que já veio ao mundo! Assim que você se tornar esposa de Linton, ele perderá tudo! Já pensou em como ele suportará a separação e como se sentirá abandonado? (BRONTË, 2016, p. 111, p. 113 a 115)

Heathcliff é um homem de dores e elas não têm *pedigree*. Deixando de lado os aspectos amorosos do excerto, interessam dois elementos que fazem deste capítulo uma chave de leitura para se entender a *degradação* e a *igualdade*. A declaração de Catherine é clara, incisiva e reprodutora de um pensamento dominante na época, investigado pelos cientistas europeus: Heathcliff pertence a uma raça e também a uma classe inferior, daí nasce a ideia de degradação. Em outras palavras, o protagonista vive na pele as tensões raciais e de classe entre duas famílias tradicionais inglesas, abalando suas estruturas à medida que sua existência as ameaça. Por outro lado, existe, sim, um amor correspondido por Catherine; o que agrava mais a tensão, pois, por trás disso, há uma identificação da figura feminina com o estrangeiro, uma vez que ambos sofrem com a opressão do patriarcado e do colonialismo, movidos pela mentalidade da época. Ambos são vistos como propriedade: ele, do patrão; ela, do marido. Ele tem sua força de trabalho como mercadoria a oferecer; ela, a procriação. Os papéis são bem definidos nesse contexto. Mais que isso, por amor, Heathcliff abre mão da própria cultura cigana para se encaixar no modo inglês. O salvo-conduto é o tom romântico conferido por Brontë sem que resvale em uma caricatura. Essa nova identidade, autoforjada, autofabricada pelo protagonista para atender às exigências de um mercado cultural e simbólico, muda a narrativa de forma intensa. Sobre isso, o capítulo 3 trará uma discussão.

Ao se analisar o momento em que Catherine aceita o pedido de casamento de Linton, encontra-se um elemento importante nesse gesto. A personagem está concordando com essa ideologia inglesa, em nome da reputação e do *status* que deseja ter como mulher casada, ao firmar o contrato com Edgar, uma vez que sobre esse bom partido estão arrolados os valores da sociedade inglesa: é jovem, é rico, é *inglês* e pertence a uma família tradicional de Yorkshire, maior condado da Inglaterra que, durante a Revolução Industrial, tornou-se a segunda mais importante área de manufatura no Reino Unido.

Depois de sentir o peso dessas condições históricas e culturais a que todos estão submetidos no diálogo entre Cathy e Nelly, Heathcliff vai embora da fazenda. Essa decisão levará Cathy a experimentar duas mortes: uma ainda em vida; e outra com a volta de Heathcliff. Antes da volta do cigano, a personagem perambula pela vida acometida pela infelicidade. Tenta, em vão, sufocar a dor, casando-se com Edgar. Tempos depois, Heathcliff retorna, dessa vez um cavalheiro rico e tão desejável quanto Edgar, provocando um conflito emocional na jovem senhora, pois, agora, ele passou por uma mudança significativa: o poder econômico imprime nele uma nova identidade. Esse novo homem possui um eu-social. Retomando o pensamento de Marx, aqui, nota-se que Heathcliff parte como *coisa* e retorna com uma *nova coisa* com identidade, em virtude da riqueza, integrando uma nova classe social. É a riqueza que forja sua identidade e não o contrário.

Sabemos que identidade é aquilo que se é, porém Hall (2006) observa também que ela é construída nas relações ao longo da existência, quer seja de gênero; quer seja de caráter nacionalista com sentimento de pertença a uma nação; quer seja cultural, quando o indivíduo se reconhece em determinado grupo social, religioso, étnico. A transformação de Heathcliff em um (quase) cavalheiro inglês é tão evidente que se torna notória até na linguagem que usa.

É importante notar que, nas nove diferentes traduções brasileiras existentes, o dialeto de Yorkshire não aparece. As traduções apresentam as falas, obedecendo à norma padrão da língua e acabam deixando de lado a questão dialetal. Entretanto, um estudo de Solange Carvalho, intitulado *A tradução do socioleto literário: um estudo de Wuthering Heights*, oferece uma proposta de tradução para as falas das personagens que dele fazem uso no romance.

Esse detalhe faz uma diferença singular porque o processo de mudança de Heathcliff também se dá na linguagem que, embora não seja originalmente a sua, visto que ele chega ainda criança à fazenda que fica no Condado de Yorkshire, falando o inglês, ele incorpora as expressões linguísticas regionais. Mesmo tendo enriquecido, se mantivesse a mesma linguagem, repleta de marcas do dialeto de Yorkshire, seria possível localizar o seu espaço sociocultural, pois esse dialeto não tinha a simpatia da maioria das personagens. Se, na primeira parte do romance, há quem fale o inglês padrão e ainda use algumas formas dialetais — como os membros da família Earnshaw — na chamada segunda geração, o desprezo pelas formas não padrão da língua pode ser visto de maneira mais evidente.

Um estudo feito por Petyt (*apud* CARVALHO, 2007), intitulado *Thou and You in Wuthering Heights*, mostra como é possível analisar as relações entre as personagens do romance, tomando como referência o uso que Brontë faz do dialeto de Yorkshire. De acordo com a pesquisa, havia um código de uso entre os falantes que, rapidamente, estabelecia não apenas as relações de poder entre as pessoas, mas também relações sociais. Desse modo, o pronome *thou*, forma corrente no dialeto, jamais seria usado quando alguém se dirigisse a uma mulher, ou a uma pessoa que tivesse alguma espécie de poder sobre o falante — por exemplo, o patrão ou uma pessoa mais velha. Esse código era conhecido dos falantes, contudo pessoas estranhas à região, como é o caso do narrador Lockwood, certamente não compreenderiam tais sutilezas na fala dos habitantes locais, deixando de perceber nuances importantes no relacionamento existente entre as pessoas.

Praticamente restrito a personagens da família Earnshaw e o seu empregado Joseph, *thou* é também usado pelo Reverendo Jabes Branderham, durante o pesadelo que Lockwood tem ao dormir no antigo quarto de Catherine Earnshaw. Suas formas correlatas aparecem ao longo do romance: *thy* e *thee*, utilizadas por Mr. Earnshaw, Hindley, Nelly Dean e Heathcliff em diferentes contextos. (CARVALHO, 2007).

Hindley faz uso em ocasiões específicas, por exemplo, com o filho Hareton. Mesmo demonstrando amor pela esposa, Francis, ele só se dirige a ela, usando o pronome *you*, uma vez que é uma forma de desrespeito usar thou para pessoas do sexo feminino. Porém, no caso dele, há uma afetividade mórbida entrecortada pela relação de poder do pai sobre o filho. (CARVALHO, 2007).

Hareton é filho do proprietário, legítimo herdeiro, porém é criado por Heathcliff, que o degrada sistematicamente, com intuito de se vingar de Hindley. Ele fala naturalmente o inglês padrão misturado com o dialeto de Yorkshire, pois não recebe uma educação formal que lhe permitiria aprender o inglês *standard* e comportar-se como um *gentleman*. Um primeiro exemplo de seu comportamento pode ser visto quando Nelly Dean tenta visitar Wuthering Heights para saber notícias de Hindley e seu filho, Hareton, diz a ela: *Damn the curate and thee!* (BRONTË, 2007, p. 97). Sendo ainda uma criança, ele jamais poderia falar dessa forma com uma pessoa idosa, mesmo sendo governanta. Dessa forma, Hareton demonstra falta de respeito para com a mulher que o criara e de quem não se lembrava mais aparentemente. Mais adiante, ficará visível que privar o sobrinho do acesso à educação é um mecanismo de controle, opressão de que a vingança se reveste. Pensando na família como uma miniatura do grande sistema, a linguagem é um traço dos mecanismos de dominação das políticas imperialistas.

Após três anos longe de Wuthering Heights, Heathcliff reaparece e logo se encarrega de empreender seu projeto de vingança: provocar ciúmes em Catherine. Para isso, ele investe em um romance com Isabela, irmã de Edgar. Assim, o protagonista de índole fria também se aproxima do pequeno núcleo familiar dos Lintons.

É importante observar que, em momento algum, a obra relata a origem do cigano. Certamente, porque os colonos não eram vistos em seus aspectos identitários. Também não se tem notícia de como ele enriquece. A única informação, enquanto esteve longe da Fazenda, é que supostamente serviu como militar. Até retornar, experimenta-se um período de silêncio sobre a forma como viveu.

Tal qual um câncer, as relações familiares avançam insustentáveis, na mesma proporção com que seu projeto segue exitoso, porém a um custo alto e ambivalente: de um lado a satisfação adquirida com a consecução do plano em si e, de outro, a morte de Catherine, que, após um razoável período de tormenta, ocorre devido à fragilidade do pós-parto aliada aos conflitos emocionais.

Em decorrência da perda de Catherine, o projeto de vingança se amplia, tomando conta do protagonista. Obsessivamente, ele passa a ser a vingança personificada na figura humana. Com requinte de crueldade, aniquila uma a uma as pessoas que ele julga serem as responsáveis pelo seu projeto amoroso fracassado. Assim, ele adquire *Wuthering Heights*, à custa da queda de Hindley, que se torna um alcóolatra e hipoteca a propriedade como pagamento às dívidas de jogo. Casa-se com Isabela, gerando um filho, porém fazendo-a extremamente infeliz, fato que a faz fugir para a o sul da Inglaterra.

Faz de Hindley um agregado em suas terras, tratando o sobrinho da mesma forma que um dia foi tratado, inclusive, impedindo-o de estudar. Após a morte de Isabela, força — de forma planejada — Cathy, filha de Catherine, a se casar com o seu filho Linton. Com isso, ele toma posse da Fazenda *Thrush Cross*, obrigando o filho a assinar um documento passando as terras para o seu nome. Enfim, prevalece o inferno na vida de cada personagem, principalmente do próprio Heathcliff que termina seus dias tendo alucinações com o espírito de Catherine que parece chamá-lo para perto de si.

Ao tratar do fetichismo da mercadoria em *O Capital* (2011c), Marx encara a mercadoria como um trabalho concentrado e não pago, referindo-se a ela como uma "realidade social". Porém o trabalhador a percebe como algo dotado de valor, um bem que se compra e se consome. Resultado: os homens realmente são transformados em coisas e as coisas transformadas em gente.

Na transformação desse ser humano em coisa, processo conhecido por reificação, Marx lembra que ele muda a forma de o indivíduo se comportar humanamente para ser regido segundo as leis do mundo das coisas. Segundo o autor, a reificação é a alienação em sua forma mais radical na moderna sociedade capitalista, por isso, em torno desse fenômeno, Marx mostra o homem também como um produto. (MARX, 2010b). Ele inicia trabalhando esse conceito, de forma implícita, nos *Manuscritos econômicos e filosóficos*. Em seguida, de forma clara, com análises e uso teórico explícitos do conceito de reificação, registrados nos *Grundrisses* e expostos em *O Capital* (volumes I e III, respectivamente), o *fetichismo da mercadoria* e, enfim, a *reificação* como uma característica não apenas da mercadoria, mas de todas as categorias básicas da produção capitalista: dinheiro, capital, lucro, etc.). Ele assegura que ela existe em "todas as formas sociais, desde que tenha atingido o nível de produção de mercadorias e de circulação de dinheiro", embora "no modo capitalista de produção e no capital, que é a sua categoria dominante, (...) esse mundo encantado e deformado desenvolva-se ainda mais." (MARX, 2010b, p. 219)

É importante acrescentar que o conceito de reificação aparece diluído nessas três obras marxistas. Contudo só ganhou maior visibilidade, quando Lucáks chamou a atenção em sua *História e Consciência de Classe*: "O fetichismo da mercadoria é um problema específico de nossa época, a época do capitalismo moderno." (LUKÁCS, 2012, p. 84) E também não é um problema marginal, mas "o problema central estrutural da sociedade capitalista." (LUKÁCS, 2012, p. 83). Sobre a essência da estrutura da mercadoria, ele faz o devido esclarecimento: "sua base é que uma relação entre pessoas ganha o caráter de uma coisa e, dessa forma, adquire uma 'objetividade fantasmagórica', uma autonomia que parece tão rigorosamente racional quanto abrangente que disfarça qualquer traço de sua natureza fundamental: a relação entre pessoas." (LUKÁCS, 2012, p. 83). Além disso, ele deixa um questionamento que leva a perceber o desprezo (ao menos momentâneo) desse problema para a própria economia, levando para uma questão mais macro: "até que ponto é a troca de mercadorias, com suas consequências estruturais, capaz de influenciar a vida externa e interna total da sociedade?" (LUKÁCS, 2012, 84).

O universo dialético de S. Bernardo

Seguindo essa lógica do capital, que interfere e influencia a sociedade que vivencia as tensões e as crises desse sistema, neste momento, aporta-se em *S. Bernardo*, uma tragédia rural brasileira.

São Bernardo é uma propriedade que pertence ao fazendeiro Paulo Honório que, de forma onisciente e centralizadora, é o titular do discurso em uma obra estruturada em 36 capítulos, cujo título carrega o mesmo nome da fazenda. A propriedade é o projeto de vida do protagonista, conquistada como pagamento de uma dívida de jogo, funcionando como espaço físico e social das situações complexas e dramáticas, erguida e mantida à custa da miséria e da servidão dos seus empregados. Contudo o espaço não figura como eixo central, mas sim o personagem Paulo Honório, já que tudo está subordinado a ele, tal qual a postura capitalista está tatuada no patrão, como alerta Candido (2006, p. 25): "[...] *São Bernardo* é centralizado pela irrupção de um personagem forte, e este, a seu turno, pela tirania de um sentimento dominante. [...]", o ciúme.

Quando decide escrever esse livro de memórias, o narrador-personagem já se encontra viúvo, precisamente dois anos após a morte de sua esposa

Madalena, pesando oitenta e nove quilos e tendo completado 50 anos no período de festividade junina. Por meio dessa narração em primeira pessoa, tem-se acesso aos fatos contados de forma não linear, visto que existe o tempo da enunciação e o do enunciado, ou seja, o tempo dos acontecimentos e da elaboração da história em si. Concomitante às várias reflexões sobre a elaboração do livro, é feito o acesso à trajetória narrativa deste herói problemático.

Sobre a elaboração, a narrativa já se inicia com uma ironia regada ao estilo de Graciliano: "Antes de iniciar este livro, imaginei construí-lo pela divisão do trabalho." (RAMOS, 2009, p.8). Dessa forma, o autor alagoano já expõe o primeiro sintoma da forma literária que carrega a estrutura social brasileira, marcada pela divisão do trabalho; sintoma este que é referenciado por Candido (2006) como "redução estrutural" e também desenvolvido em *O mundo à revelia* por Luiz Lafetá (1995), apontando uma característica na estrutura do livro que se confunde com o próprio modo de produção brasileiro adotado com a Revolução de 1930.

A divisão social do trabalho, umas das principais características da sociedade moderna e burguesa, implica o confronto direto entre os interesses particulares e os interesses coletivos. Sobre isso, Marx e Engels reconhecem que

> [...] é precisamente esta contradição entre o interesse particular e o interesse coletivo que faz com que o interesse coletivo assuma, na forma de estado, os interesses reais dos indivíduos e do todo e, ao mesmo tempo, como comunidade ilusória, mas sempre sobre a base real dos laços existentes em todos os conglomerados de famílias, tais como laços de sangue, idioma, divisão do trabalho, e especialmente, das classes desde logo condicionadas pela divisão do trabalho e que se diferenciam em qualquer agrupamento deste tipo e entre os quais existe uma que domina as outras. (MARX, ENGELS, 2009, p. 41-2)

Mesmo não representando o Estado, Paulo Honório reúne sobre si o etos de homem de negócios, com espírito inovador e que deseja trazer benfeitorias e modernidade à região de Viçosa. Para esse fazendeiro empreendedor, o ato de escrever é um ato produtivo e lucrativo que, além de demonstrar sua superioridade como burguês, demonstra claramente o seu tratamento conferido ao livro: uma mercadoria, fruto de seu interesse particular. Essa é a linguagem com que Paulo Honório sabe lidar: a da comercialização de produtos. Com o livro não seria diferente. Essa característica latente no início da narrativa ainda será vista de forma mais nítida em outras passagens da obra, nas relações de dominação e exploração que ele estabelece com pessoas próximas: amigos, empregados e até mesmo a esposa. Tudo em volta é instrumento de acúmulo de riqueza intrinsecamente relacionada à reificação que é tão forte na obra.

Embora seja um homem de posses, o mesmo não ocorre no que tange ao domínio do código escrito, até porque, para ele, a norma padrão é uma ilustre desconhecida, por isso ele convoca seus operários estéticos: Padre Silvestre, Arquimedes e, finalmente, um jornalista que escreve tudo que lhe mandam, Lúcio Gomes de Azevedo. Dessa forma, seu projeto estético-literário e mercadológico está montado.

Se por um lado o fazendeiro não conseguiria escrever sozinho, também não poderia fazê-lo com uma equipe tão vasta e tão próxima para não comprometer os fatos constrangedores que ele admite que confessará em suas seletivas memórias:

> Afinal foi bom privar-me da cooperação de Padre Silvestre, de João Nogueira e do Gondim. Há fatos que eu não revelaria, cara a cara, a ninguém. Vou narrá-los porque a obra será publicada com pseudônimo. E se souberem que o autor sou eu, naturalmente me chamarão potoqueiro. (RAMOS, 2009, p. 11)

Paulo Honório tem a memória; Azevedo Gondim, a norma. Este último lembra ao fazendeiro que "...arranjar palavras com tinta é outra coisa. Se eu fosse escrever como falo, ninguém me lia" (RAMOS, 2009, p.

9). Em suas palavras, percebe-se que a linguagem formal, prestigiada, funciona para elevação do status da narrativa, ainda mais sendo a de um homem empreendedor que deseja manter seu etos preservado. Há, de forma escancarada, uma teatralidade do próprio discurso, colaborando com a criação de uma imagem. Na lógica desse sistema produtivo, o ter e o ser funcionam assim: o ter sustenta a aparência do ser.

A respeito da "grade" invisível na transposição da oralidade para a escrita no processo de construção das memórias, Falleiros observa, relativamente à obra de Graciliano Ramos, que

> [...] o discurso *construído* é resultado de uma dificuldade da fala e, por aí, é também resultado de uma dificuldade na escrita. A fala não sai, e a escrita, recolhida num tempo de solidão, é montada: peça por peça, os vocábulos são vistoriados 'verticalmente' pela significação dicionarizada, que se impõe, e a gramática vigia a ordenação 'horizontal' do contexto. (2002, p. 237)

Ampliando o foco do crítico, pode-se observar que toda elaboração prévia é calculada, por isso torna esse discurso em objeto de desconfiança. O que ficará, então, no papel? Ficará o que há de mais significativo que esse narrador suspeito deseja mostrar, às vezes com o conteúdo intacto, noutras, profundamente alterado, mesmo existindo o fato bruto em seu estado de acontecimento. Há uma barreira entre o dito (e/ou pensado) e o escrito que se forma a partir da subjetividade do narrador, por mais que ele se esforce para dar um caráter objetivo à narrativa. No fundo, o narrador de memórias adora dramatizar sua existência.

A narrativa de *S. Bernardo* segue bipartindo-se em dois momentos importantes. O divisor de águas do primeiro para o segundo é a morte de Madalena. Antes disso, o narrador relata como acumulou riquezas, ressaltando episódios de egoísmo, brutalidade e violência. Sobre isso, ele é réu confesso, admitindo ter construído todo o patrimônio à custa da truculenta exploração de seus empregados, razão pela qual acumulou recursos e tornou produtiva a sua propriedade.

Exatamente por estar imerso em um mundo de lucro e riqueza, ele adquire outra posse: Madalena, pois enxerga no casamento a possibilidade de concretização de um desejo, a saber, preparar um herdeiro para suas terras. Sua relação com a esposa será pautada por conflitos, regada a cenas de ciúme e brigas homéricas, pois, diferente da propriedade, ele não sabia lidar com a autonomia da esposa.

Nesse momento, é válido destacar a genialidade de Graciliano, própria de quem viveu por dez meses, com estoicismo e espírito crítico, a experiência de preso político, pois ele consegue enxertar fases do processo histórico de avanço do capitalismo no sentimento mais mesquinho que acomete a humanidade: o ciúme, um sentimento repleto de crises à semelhança do sistema capitalista. Assim, a evolução de Paulo Honório encaminha-se para um comportamento colérico quando ele percebe a iniciativa da esposa para erguer uma escola dentro da sua propriedade, sendo, de certa forma, uma condutora de um processo de desalienação dos empregados da fazenda, à medida que, paulatinamente, vai empunhando uma bandeira humanista, atenta às injustiças sociais do marido para com os empregados, buscando aboli-las.

A luta altruísta da professora é compreendida, pelo marido, como uma busca pela saciedade de interesses escusos. Isso corre em uma época cujas relações entre homens e mulheres eram um problema já arrastado há séculos. A tensão que se estabelece no seio de cada núcleo familiar (Conferir Fig. 2 — Relações de parentesco) e também entre as duas famílias, após alianças seladas por matrimônio, na obra de Brontë semelhantemente aparece nesse contexto menor, mais nuclear no que tange ao número de familiares na fazenda: o proprietário e sua esposa.

Estranhos aos resultados do processo produtivo do qual fazem parte e imersos em uma autoalienação, os empregados da fazenda recebem de Madalena, em suas práticas sociais, um apelo ideológico em favor de uma modificação revolucionária do mundo. O trabalho educativo é iniciado com as crianças com o potencial de sensibilização dos pais tão próprio delas.

Usada como conceito metafilosófico por Marx, a alienação é central no pensamento marxista. Teve que esperar meio século para entrar nos dicionários de filosofia — mais exatamente na segunda metade do século XX. Filosoficamente, foi usado por Hegel e Feuerbach. Da Antiguidade Clássica até a Modernidade, o conceito passou por várias transformações: o de Heráclito, criado da relação homem/logos; o de Platão construído a partir do mundo natural, assumindo uma forma imperfeita do mundo das ideias; o de Hugo Grotius, a partir do processo de transferência (para outra pessoa) da autoridade soberana do homem sobre si mesmo; o de Rousseau forjado da comparação entre o homem natural e o homem social, buscando superar as contradições; Hegel e sua positividade (nome para a alienação em seus primeiros escritos) que trará não só o conceito de alienação, mas de desalienação também.

No terceiro manuscrito dos seus *Manuscritos Econômicos-Filosóficos*, Marx louvou Hegel por ter considerado "a autocriação do homem como um processo, a objetificação como a perda do objeto, como alienação e transcendência dessa alienação." (MARX, 2010b, p. 103). Contudo teceu críticas a ele por ter identificado a objetificação com a alienação e por ter considerado o homem como autoconsciência e a alienação do homem como a alienação de sua consciência, já que Hegel acreditava que toda alienação da vida humana não passa, portanto, de alienação da autoconsciência.

Marx concordava com a crítica de Feuerbach à alienação religiosa, mas ressaltava que esta é apenas uma entre várias formas de alienação humana. O homem não só aliena parte de si mesmo na forma de Deus, como também aliena outros produtos de sua atividade espiritual em forma de filosofia, senso comum, arte, moral; aliena os produtos de sua atividade econômica na forma de mercadoria, do dinheiro, do capital; e aliena produtos de sua atividade social na forma do Estado, do direito, das instituições sociais.

Há muitas formas nas quais o homem aliena de si mesmo os produtos de sua atividade e faz deles um mundo de objetos separado, independente e poderoso, com o qual se relaciona como escravo, impotente e dependente.

Mas o homem não só aliena de si mesmo seus próprios produtos, como também aliena a si próprio da atividade mesma pela qual esses produtos são criados, da natureza na qual vive e dos outros homens. (MARX, 2010b).

Todos esses tipos de alienação são, em última análise, a mesma coisa: são aspectos diferentes, ou formas, da alienação do homem, formas diferentes da alienação que se produz entre o homem e sua essência ou sua natureza humana, entre o homem e sua humanidade.Outra ironia sagaz de Graciliano reside na escolha onomástica da personagem Madalena. Lá, nas versões bíblicas tradicionais, uma ex-prostituta, arrependida, submissa e que tem sua vida regenerada; aqui, uma professora, preocupada com a honra e confrontadora das formas de opressão instauradas na fazenda, que reiteram e reproduzem as desigualdades históricas nos papéis desempenhados por patrão e empregado, por homens e mulheres. Dessa forma, a visão tradicional que até hoje persiste sobre a Madalena bíblica entre boa parte dos adeptos do cristianismo, mesmo tendo sido feitas descobertas arqueológicas em 1940, que contestam até mesmo a versão bíblica, acaba sendo desconstruída no romance.

Um fato importante de ser observado é que a crise no casamento de Paulo Honório e Madalena é, indiretamente, impactada com a crise histórica de 1929, em ocasião da quebra da bolsa, que afetou a economia mundial e local, consequentemente levando-o à estaca zero. Azar nos negócios, afetação no relacionamento. No enredo, essa construção é posta sutil e metaforicamente. Um leitor desavisado poderia notar, apenas, a crise pessoal. Essa é uma discreta piscadela de Graciliano para o leitor, deixando uma pista. Observe-se que a reconstituição dessa história de vida, à proporção que se mostra pessoal, também carrega uma conotação coletiva, já que esses acontecimentos externos abatem-se sobre o fazendeiro, conforme lembra Lukács (1965), marcando a intervenção da História na vida cotidiana, na esfera privada.

Observe-se como se dá a construção por trás desse "ciúme". Embora não empreenda um embate direto com o marido, a voz feminina de

Madalena, de certa forma, insinua um protesto crítico e progressista contra as oligarquias rurais nordestinas - fato que bem se encaixaria como "doutrinação esquerdista" no Brasil contemporâneo. Tradicionalmente, a voz da resistência — personificada nessa personagem-líder — sempre foi criminalizada, censurada, calada pelo patriarcado que patrulha e cerceia conquistas.

"A sujeição é detestável e a liberdade é cara", já nos advertiu Étienne de La Boétie. Ao passo que na obra de Brontë, Heathcliff se põe em regime de servidão a Catherine, em lampejos de vassalagem amorosa, Madalena luta contra a dominação e porque se reconhece nos trabalhadores, demonstra

> [...] piedade daqueles que, ao nascer, já se encontram sob o jugo, que se deve desculpá-los ou perdoá-los, se, não tendo sequer visto a sombra da liberdade e não tendo ouvido falar dela, não se dão conta do mal de serem escravos. (LA BOÉTIE, 2017, p. 40)

O ato educativo é um ato político-libertário por ela iniciado, gerando reflexão e, com o tempo, contestação dos empregados ao grande fazendeiro, haja vista que

> Nunca se lamenta o que nunca se teve. O pesar só vem depois do prazer e ao conhecimento do bem sempre se junta a lembrança da alegria do passado. O homem é naturalmente livre e quer sê-lo, mas sua natureza é tal que se amolda facilmente à educação que recebe. (LA BOÉTIE, 2017, p. 40)

A tensão entre o casal se instaura porque o processo de conscientização dos empregados, promovido por Madalena, foge do domínio daquele que está acostumado a ter o controle de tudo e a manter mecanismos para retroalimentar seu poderio. Ela não pode "gritar" porque o papel relegado à mulher era o de completa submissão, visto que a mulher é também uma propriedade, mas ela contesta, questiona. O fato de ser professora, isto é, formadora de opinião, já serve como prenúncio de que, em algum momento, no percurso da narrativa, encontraríamos confrontos, embates ideológicos entre o humanismo e a brutalidade.

A título de exemplificação, vejam-se dois momentos da narrativa. O primeiro se encontra no capítulo 18, em que aparece seu Ribeiro, morador e empregado da fazenda, um senhor com mais de 60 anos. Na ocasião, estão presentes Paulo Honório e seu amigo Padilha, seu Ribeiro, Madalena e sua tia D. Glória, momento em que, no meio da conversa, Madalena questiona qual o salário do empregado, mencionando a necessidade da aposentadoria, (leia-se: um direito trabalhista), opinando sobre a baixa remuneração do empregado na frente do seu patrão.

> — Ora gaitas! Berrei. Até a senhora? Meta-se com os romances.
> Madalena empalideceu:
> — Não é preciso zangar-se. Todos nós temos as nossas opiniões.
> — Sem dúvida. Mas é tolice querer uma pessoa ter opinião sobre assunto que desconhece. Cada macaco no seu galho. Que diabo! Eu nunca andei discutindo gramática. Mas as coisas da minha fazenda julgo que devo saber. E era bom que não me viessem dar lições. Vocês me fazem perder a paciência.
> Joguei o guardanapo sobre os pratos, antes da sobremesa, e levantei-me. Um bate-boca oito dias depois do casamento! Mau sinal. (RAMOS, 2009, p. 115)

O ponto de tensão entre o proprietário e a esposa se dá pelo fato de sua mulher opinar sobre os negócios, discordando da exploração do trabalho do empregado na presença deste para agravar mais ainda a situação. O que há oculto nesse diálogo que o torna tão tenso?

O modelo liberal estava sob ameaça de mudança com a criação da primeira CLT no Brasil em 1930. Junto a isso, surgiriam o Ministério do Trabalho, a Previdência Social para, efetivamente, serem consolidadas as Leis do Trabalho. "Os trabalhadores e a massa da população começaram a ter seus direitos reconhecidos pelo Estado e passaram a se reconhecer no Estado." (SADER, 2018, p. 1).

Dois anos depois, o movimento feminista brasileiro conquista o direito ao voto que ocorre em 24 de fevereiro de 1932, no município de Mossoró, no Rio Grande do Norte, motivado pelo Movimento Sufragista no mundo. Em outras palavras, movimentos sociais ferviam no país e buscavam conferir protagonismo às mulheres e aos trabalhadores, regados à polarização que parece se misturar à própria História de formação do Brasil.

A polarização no país já foi matéria para o enredo de *Esaú e Jacó*. Machado mostra um Brasil dividido entre a monarquia e a república, enquanto esta batia às portas da Revolução, tendo se consolidado após o último baile da corte portuguesa no Palácio do Catete. Para demonstrar essa polarização, com a fina ironia machadiana, basta lembrar a personagem Custódio, proprietário da Confeitaria do Império que manda um pintor confeccionar um letreiro para ser afixado na fachada do prédio. Quando se dirige à casa do pintor,

> Era já tarde; o pintor suspendera o trabalho. Só algumas das letras ficaram pintadas, — a palavra *Confeitaria* e a letra d. A letra o e a palavra *império* estavam só debuxadas a giz. [...] Queria inaugurar a tabuleta no domingo. Ao acordar de manhã não soube logo do que houvera na cidade, mas pouco a pouco vieram vindo as notícias, viu passar um batalhão, e creu que lhe diziam a verdade os que afirmavam a revolução e vagamente a república. A princípio, no meio do espanto, esqueceu-lhe a tabuleta. Quando se lembrou dela, viu que era preciso sustar a pintura. Escreveu á pressas um bilhete e mandou um caixeiro ao pintor. O bilhete só dizia isto: "Pare no D". Com efeito, não era preciso pintar o resto, que seria perdido, nem perder o princípio, que podia valer. (ASSIS, 1904, 194-195)

O caixeiro retorna, porém trazendo a notícia de que já estava pronta. Custódio se dirige à casa do pintor. Percebe que uns rapazes quiseram *rasgar*, ao notarem o nome Confeitaria *do Império* naquele ano de 1889. "Custódio leu: Confeitaria do Império. Era o nome antigo, o próprio, o célebre, mas era a destruição agora; não podia conservar um dia a tabuleta, ainda que fosse em beco escuro, quanto mais na rua do Catete..." (ASSIS, 1904, p. 196)

A expressão "beco escuro" remete a um dos lados, destituído do poder, enquanto outro sistema de governo emergia. O detalhe de a palavra império ter sido rascunhada em giz até a pintura efetiva mostra exatamente a transição de sistemas. Em seguida, chega a ser cômico o diálogo entre Custódio e Ayres até encontrar uma saída. Custódio perguntou para o amigo Ayres, se suas vidraças seriam quebradas, caso mantivesse "do império" no letreiro. O diálogo entre os dois vai ganhando uma comicidade maior. Sem saber se o novo sistema se sustentaria, ou se os apoiadores do império lutariam contra a mudança, inicialmente cogitou escrever Confeitaria da República. Depois, surgiram respectivamente: Confeitaria do Governo, que daria certo para ambos os regimes e evitaria que quebrassem seu comércio; CONFEITARIA DO IMPÉRIO das leis (exatamente escrito assim) e, logo abaixo, fundada em 1860. A aflição permanece na fala do proprietário que, pensando nos conflitos entre os dois grupos que polarizaram o país, pondera sobre Confeitaria do Catete sugerido pelo amigo. Mas como não queria estar associado ao Palácio, chega à solução: Confeitaria do Custódio.

Toda essa problemática tem um motivo: manter o equilíbrio econômico em um período de tensão. O fato é que

> Muita gente certamente lhe não conhecia a casa por outra designação. Um nome, o próprio nome do dono, não tinha significação política ou figuração histórica, ódio nem amor, nada que chamasse a atenção dos dois regimes, e consequentemente que pusesse em perigo os seus pastéis de Santa clara, menos ainda a vida do proprietário e dos empregados. Porque é que não adaptava esse alvitre? Gastava alguma coisa com a troca de uma palavra por outra, *Custódio em vez de Império*, mas as revoluções trazem sempre despesas. (ASSIS, 1904, p. 201)

A angústia de Custódio para não ter seu patrimônio depredado e para não ter custos perdendo clientes com posicionamento político específico é o preço do apagamento histórico e ideológico que ele deseja imprimir ao nome do estabelecimento e, ao mesmo tempo, manter uma neutralidade que não corresponde à realidade das suas escolhas, pois ele tem um posicionamento que oculta.

Depois de Machado, Graciliano é o segundo escritor brasileiro a mostrar outro contexto de divisão ideológica no país que pode ser sentida nas falas do casal, de forma sutil, inteligente e necessária para driblar uma possível prisão — fato que acabou ocorrendo com o escritor, acusado de ser comunista.

Em uma discussão entre Paulo Honório, Padilha, Azevedo Gondim e padre Silvestre, percebe-se menção ao "fascismo" e ao "comunismo" (RAMOS, 2009, p. 151), o que deixa claro os assuntos que tomavam conta das rodas de conversas entre amigos em suas bolhas sociais. Padre Silvestre se refere ao comunismo como "doutrina exótica" capaz de levar à "miséria, à desorganização da sociedade, à fome" (RAMOS, 2009, p. 152). É importante mencionar que Madalena — única voz feminina — participa dessa conversa, fazendo questionamentos políticos.

Sabendo que a Direita havia assegurado sua hegemonia na vida política brasileira, os documentos produzidos por juízes de direita e políticos cumpriam a tarefa de assustar a burguesia e despertar a população brasileira para o anticomunismo. Para ela, "o socialismo era encarado como uma heresia nos tempos da Inquisição." (KONDER, 2016, p. 125).

S. Bernardo é publicado em 1934, um ano antes da Intentona Comunista. Graciliano é preso em 1936. A impressão era a de que o Brasil estava se transformando em uma imensa prisão. Revestido de um discurso democrático, pró-trabalhadores brasileiros, "Vargas preparava o golpe que, em novembro de 1937, haveria de extinguir o que restava das liberdades democráticas no país." (KONDER, 2016, p. 126).

Graciliano já sentia as perspectivas políticas que estavam por vir. De 1928 até abril de 1930, ele exerceu o cargo de prefeito na cidade de Palmeira dos Índios e

> [...] aplicou na administração pública o mesmo rigor que destinava ao trato com a palavra. Ao final do primeiro e do segundo anos de seu mandato, o romancista elaborou dois relatórios de prestação de contas *que entraram para a história da política nacional. Com uma linguagem clara e por vezes irônica e sarcástica, ele produziu uma verdadeira lição de transparência diante da máquina pública.* [Grifo nosso] (FÓRUM DE DIREITO DE ACESSO A INFORMAÇÕES PÚBLICAS, 2018, p. 01)

Conhecendo a política brasileira por dentro e percebendo o que estava para acontecer, sua obra demonstra, nas falas dos personagens, as visões equivocadas sobre a obra de Marx, visto que, antes mesmo de a esquerda tentar se organizar no Brasil, a direita se antecipou e se encarregou de "traduzir" e divulgar visões negativas do legado marxista, cujas leituras foram desconhecidas por Engels.

No diálogo entre Paulo Honório e seus amigos, em um momento do qual a personagem Madalena se retira, logo a religião aparece nas falas entre eles, associada ao fato de uma mulher ser capaz e questionar ou mesmo ter um posicionamento político. Em suas reflexões, Paulo Honório se questiona e faz declarações que merecem destaque: "Eu tinha razão para confiar em semelhante mulher? Mulher intelectual." (RAMOS, 2009, p. 160). Outra, anterior a esta, é passível de referência:

> — Qual seria a religião de Madalena? Talvez nenhuma. Nunca me havia tratado disso.Monstruosidade.
> E repeti baixinho, lentamente e sem convicção:
> — Monstruosidade.
> Materialista. Lembrei-me de ter ouvido Costa Brito falar em materialismo histórico. Que significava materialismo histórico?
> [...]

> Tenho portanto um pouco de religião, embora julgue que, em parte, ela é dispensável num homem. *Mas mulher sem religião é horrível.* [Grifo nosso] Comunista, materialista. Bonito casamento! Amizade com o Padilha, aquele imbecil. "Palestras amenas e variadas." Que haveria nas palestras? Reformas sociais, ou coisa pior. Sei lá. Mulher sem religião é capaz de tudo. (RAMOS, 2009, p. 154-155)

A religião é mostrada como mecanismo de controle feminino em dois momentos da obra. Um deles, destacado a seguir, propicia lembrar a célebre reflexão de Marx que mostra a religião como ópio do povo:

> O homem é *o mundo do homem*, o Estado, a sociedade. Esse Estado e essa sociedade produzem a religião, uma *consciência invertida do mundo*, porque eles são um *mundo invertido*. A religião é a teoria geral deste mundo, seu compêndio enciclopédico, sua lógica em forma popular, seu ponto de honra espiritualista, seu entusiasmo, sua sanção moral, seu complemento solene, sua base geral de consolação e de justificação. Ela é a *realização fantástica* da essência humana, porque a essência humana não possui uma realidade verdadeira. Por conseguinte, a luta contra a religião é, indiretamente, contra aquele mundo cujo aroma espiritual é a religião. A miséria *religiosa* constitui ao mesmo tempo a *expressão* da miséria real e o *protesto* contra a miséria real. A religião é o suspiro da criatura oprimida, o ânimo de um mundo sem coração, assim como o espírito de estados de coisas embrutecidos. *Ela é o ópio do povo.* [Grifo nosso] (MARX, 2010a, p. 145)

No contexto em que foi proferida, é necessário considerar que o autor alemão provinha de uma família judaica. Com o passar dos anos, optou pelo ateísmo que não se deu em decorrência de alguma insatisfação religiosa, mas a partir de uma constatação sociológica, de uma análise dos impactos da religião na vida de um adepto, de um fiel, pertencente à classe trabalhadora inglesa.

No excerto acima, Marx demonstra seu racionalismo em face de sua época, produto de uma série de questionamentos ao domínio religioso na educação, ciência, cultura etc., que começa a partir do Renascimento e tem seu auge com o Iluminismo, quando pensadores ingleses, a partir de 1680, trazem à tona novas críticas à Igreja. Na verdade, grande parte dos pensadores — ingleses, alemães, franceses — reproduzem em suas análises uma insatisfação popular, em resposta ao obscurecimento medieval e absolutista da Igreja Católica. A Revolução Francesa, em 1789, foi uma das expressões iluministas e que ocorreu em face de um repúdio aos privilégios do clero que, à época, compunha o primeiro estado, seguido pela nobreza, que constituía o segundo estado.

Decorrente de todas as aventuras e desventuras dos clérigos católicos ao longo dos últimos 1400 anos antes de Marx, Engels, Bauer, Feuerbach etc., os pensadores europeus da metade do século XIX passaram a entender a religião como um obstáculo ao progresso científico, cultural, educacional, econômico, popular. A religião não mais era entendida como um canal de comunhão, de relacionamento com o sagrado, mas como um dos vários meios de domínio, de pacificação — a popularização do *Football* foi outro meio encontrado pela classe dominante inglesa de impedir a organização política dos operários. É, talvez, daí que se desenvolve a ideia de que futebol, política e religião não se discutem, dada a diversidade de pensamentos, de opiniões, de opções sociais, ideológicas, religiosas.

Ao analisar a situação dos operários ingleses e a doutrinação religiosa por eles sofrida, Marx passa a associar a religião ao ópio — uma substância alucinógena de origem asiática e consumida nos subúrbios de Londres, inclusive por operários que buscavam alternativas à rotina desgastante das fábricas. Para ele, a religião tira do homem a capacidade de compreensão, de análise da materialidade, do chão da fábrica, da periferia. Sua análise, na verdade, aparece como uma continuação aos estudos de Ludwig Feuerbach (1804-1872), contemporâneo, conhecido por sua teologia humanista. Feuerbach entendia que a alienação religiosa faz parte de uma engrenagem ou teoria teológica que busca o sentido da razão e da existência do homem no mundo, em uma tentativa de compreensão da realidade a partir da espiritualidade, do sagrado. Tanto Marx quanto Ludwig Feuerbach saem em defesa do antropocentrismo, da racionalidade.

Essa analogia entre religião e ópio também foi realizada pelo Marquês de Sade, em 1797, que escreveu em sua obra *Histoire de Juliette, ou les Prospérités du vice*: "É ópio que você faz seu povo tomar, para que, anestesiado por esse sonífero, ele não sinta as feridas que você lhe rasga." (SADE, 2015, p. 32) [tradução nossa]. Além dele, Immanuel Kant, por Johann Herder, Heinrich Heine, entre outros. Marx sintetizou os autores do século XVIII que pareciam sentir o que estava por vir sob a atmosfera das fábricas.

No caso de Graciliano, decerto, sua obra não poderia servir apenas como objeto de exemplos marxistas, visto que transcende sistemas filosóficos. Seu engajamento é notável, sem, com isso, resvalar em um discurso panfletário e sim valorizar o aspecto

> [...] político no sentido grandioso do termo, que atribui ao homem a qualificação essencial de animal político. Por isso sempre combateu o proselitismo na arte, construindo uma obra com tal responsabilidade estética que em sua plenitude humana representa no século XX uma das respostas mais significativas às aporias da literatura engajada. (FALLEIROS apud GOMBATA, 2018, p. 1)

Esse engajamento torna possível uma leitura sobre impasses e contradições inerentes à luta política por direitos — algo que acompanha a História da humanidade.

Olhando para o universo de *S. Bernardo*, tem-se, de um lado, Paulo Honório, carregando o discurso do ídolo da burguesia e da classe média paulista: Washington Luís, notabilizado pelo slogan "a questão social é questão de polícia." — qualquer forma de reivindicação de direitos teria como resultado uma forte repressão antes de 1930; de outro, Madalena traz a voz dos trabalhadores, cuja luta foi, de maneira oportunista, "abraçada" por Getúlio Vargas para se tornar presidente do Brasil, interpelando a todos os brasileiros como trabalhadores — seu slogan, representação de luta coletiva, foi forjado na força de um vocativo: "Trabalhadores do

Brasil!". Paulo e Madalena, cada um a sua maneira, reúnem em torno de si preocupações explícitas construídas dentro de um contexto do Brasil de 1930 e, ao mesmo tempo, também dentro da luta de classes que é universal, anterior a Karl Marx, inclusive.

Vocativo semelhante aparece na advertência de Paulo Honório: "Sou eu quem manda aqui!" E para enfatizar bem o papel feminino, a alusão à leitura de folhetins, gênero de entretenimento da época, demarca os respectivos espaços e funções sociais: às mulheres, a leitura de romances; ao macho alfa mantenedor, as decisões sobre a fazenda. Cada macaco tem de estritamente ocupar o seu galho, o galho definido historicamente. Não cabe ao universo feminino pensar e opinar sobre a propriedade e as relações de trabalho.

Essa relação de alteridade segue exposta no enredo em outros momentos, por exemplo, um que está localizado no capítulo 21. Semelhante a Marx e Engels, que, no século XIX, conheceram a classe trabalhadora para além das chaminés das fábricas, Madalena aparece empenhada, visitando moradores, enfim, conhecendo a realidade dessa gente, em seu âmbito privado, criticando o modelo educacional de Padilha e solicitando ao marido a compra de material didático a ser utilizado na educação dos filhos desses moradores. Ao chegar a encomenda, Paulo Honório fica indignado por ter que pagar 6 contos de réis em "folhetos, cartões e pedacinhos de tábuas para filhos de trabalhadores" quando ele aprendeu a ler na prisão. Ainda assim, ele o faz para não discutir com a esposa.

A seguir, as mudanças na postura dos empregados começam a se tornar visíveis, de certa forma, tanto por se verem representados quanto em decorrência do trabalho educativo empreendido por Madalena[5], seguido do seu exemplo contestador e questionador em um rompante do empregado Marciano ao responder a Paulo Honório:

---

[5] É válido ressaltar que o texto não deixa isso explícito, mas sugere nas entrelinhas os frutos desse processo educativo, pois os questionamentos dos empregados ocorrem depois da chegada de Madalena a São Bernardo.

> — Já para suas obrigações, safado!
> — Acabei o serviço, seu Paulo, gaguejou Marciano perfilando-se.
> — Acabou nada!
> — Acabei, senhor, sim. Juro por esta luz que nos alumia.
> — Mentiroso. Os animais estão morrendo de fome, roendo madeira.
> Marciano teve um rompante:
> — Ainda agorinha os cochos estavam cheios. Nunca vi gado comer tanto. E ninguém aguentava mais viver nesta terra. Não se descansa.
> — Era verdade, mas nenhum morador me havia ainda falado de semelhante modo. (RAMOS, 2009, p. 126)

A situação termina com o empregado sendo esbofeteado pelo patrão, com o nariz sangrando. Segue um diálogo tenso entre Madalena e ele:

> — Bater assim num homem! Que horror!
> [...]
> — Ninharia, filha. Está você aí se afogando em pouca água. Essa gente faz o que se manda, mas não vai sem pancada. E Marciano não propriamente um homem.
> — Por quê?
> — Eu sei lá! Foi vontade de Deus. É um molambo.
> — Claro. Você vive a humilhá-lo.
> [...]
> — Fiz aquilo porque achei que devia fazer aquilo. E não estou habituado a justificar-me, está ouvindo? Era o que faltava. Grande acontecimento, três ou quatro muxicões num cabra. Que diabo tem você com o Marciano para estar tão parida por ele? (RAMOS, 2009, p. 128-9)

Dessa forma, finaliza-se este capítulo assim: diante de um típico burguês que vampiriza seu empregado, sugando até a raiz de sua força de trabalho e furtando sua dignidade, porém, de próprio punho, de forma confessional, inscrevendo um real violento.

Ao tratar da memória como inscrição da violência, Selligmann-Silva pondera que

> A arte de inscrição da memória da violência tem de ir a contrapelo, buscando restaurar os traços e rastros. Ela nos ensina a construir a presença a partir da ausência. [...] É vista também como inscrição do desaparecimento, da dor e da violência. Ela é reinventada como meio de dar visibilidade aos banidos, àqueles que estão fora da esfera de cidadania. Ela passa a ser meio de luto e de elaboração da perda, mas também meio de denúncia e suporte de memória. Essa arte vai colecionar os rastros, os índices que apontam para a violência que foi dissimulada. A verdade passa a existir dentro de uma ética e de uma política da memória. [...] Ler a história a contrapelo implica revelar esse elemento catastrófico da história. (2012, p. 78)

Considerando que o narrador é quem elege citar a passagem de violência e, aparentemente, não a dissimula, antes dramatiza o horror sem lirismo algum e o expõe em carne viva por meio de um diálogo hostil e agreste. Sua memória é implacável e seus rastros denunciam o quanto sua consciência o impeliu a realizar um inventário moral, em uma tentativa de redenção, expondo o homem do subsolo que se tornou.

Após a morte de Madalena, que marca a segunda parte da obra e o início do declínio desse narrador, encontra-se a outra ponta da sua história: um projeto familiar fracassado personificado no suicídio da esposa, um suicídio polissêmico, sobretudo político, efeito de uma luta coletiva desigual.

Se no primeiro momento, via-se a determinação em sua fala, rumo ao acúmulo de riquezas, que lhe custará tão caro mais adiante, agora encontra-se um narrador sem forças, desprovido do vigor tão necessário a um burguês em (des)construção. Dessa vez, ele caminha a passos largos para a autodestruição. Reconhecer a inutilidade dos seus esforços é o que lhe resta, por isso ele busca registrar suas memórias num exercício catártico, por meio do um tom confessional.

Neste ponto da narrativa, o herói problemático assemelha-se ao homem do subterrâneo de Dostoiévski:

> (...) desacostumados da vida, todos capengamos, uns mais, outros menos. Desacostumamo-nos mesmo a tal ponto que sentimos

> por vezes certa repulsa pela "vida viva", e achamos intolerável que alguém a lembre a nós. Chegamos a tal ponto que a "vida viva" autêntica é considerada por nós quase um trabalho, um emprego, e todos concordamos no íntimo que seguir os livros é melhor. E por que nos agitamos às vezes, por que fazemos extravagâncias? O que pedimos? Nós mesmos não o sabemos. (DOSTOIÉVSKI, 2000, p. 36)

Étienne de La Boétie (2017) lembra que um tirano se destrói sozinho, se o país não consentir com sua servidão. Nem é preciso tirar-lhe algo, mas só não lhe dar nada. O suicídio de Madalena é simbólico por não conseguir vencer a opressão e a truculência do sistema. Mas não é uma desistência e sim uma resistência à opressão. A humanidade em volta de seu gesto fatal mostra que ela luta para não pôr uma mercadoria no mundo, já que pelos embates ideológicos com o marido ela não teria um filho e sim um "herdeiro" — palavra que o fazendeiro usa quando se refere à criança.

Em face de vários acontecimentos, tais como a quebra da bolsa, a ascensão dos direitos trabalhistas, a perda da esposa, Paulo Honório se torna outro homem que, por sua vez, se transmuta em narrador, tarefa de expiação que ele cumpre no final da vida.

Sua derrocada coincide com uma crise do sistema capitalista. Marx procurou investigar o fenômeno das crises em *O Capital* (2011c), no plano original da obra, percorrendo cinco temas correlatos: o conceito de capital, renda da terra, trabalho assalariado, Estado e comércio exterior, que, no plano de 1857, eram parte dos cinco primeiros livros a serem escritos e finalizava com a discussão das *crises e o mercado mundial* (ROSDOLSKY, 2001).

Desse modo, a complexidade do tema das crises deve partir de que mesmo o seu maior investigador não conseguiu sistematizar a complexidade do fenômeno, deixando valiosas e incompletas indicações das principais tendências e contratendências que envolvem o tema.

Marx morreu sem concluir seu projeto, porém deixou uma ressalva importantíssima: a crise é, por excelência, um *fenômeno dinâmico* e, apreender a crise é apreender um conjunto de determinações do movimento do capital em circunstâncias especiais. Ocorre que, como disse Hegel, "enquanto o objeto é o verdadeiro e o universal, igual a si mesmo, ao passo que a consciência para si é o mutável e o inessencial, é possível que lhe suceda perceber incorretamente o objeto e iludir-se." (HEGEL, 2002, p. 98).

Mesmo assim, não se pode furtar de estudar, discutir e debater sobre o fenômeno. Seguindo a premissa marxista sobre a crise, é possível relacionar tendências e contratendências em um processo macro como uma crise internacional.

Em situação de crise, o suicídio está para o ser humano assim como uma crise mundial está para um pequeno proprietário. A obra de Graciliano permite esse alinhamento, reunindo leituras em torno dessa alegoria.

Ao teorizar sobre as crises, Marx destaca seus principais aspectos que compõem uma sistematização em quatro momentos fundamentais: a) a crise na esfera da realização de mercadorias, que poderíamos chamar de *superprodução*; b) a crise na esfera da dinamização dos capitais acumulados, que poderíamos chamar de *sobreacumulação*; c) a crise na esfera das finanças (que aponta a dois sentidos), mas englobamos sob o nome de *crise financeira;* d) a crise na esfera produtiva, que poderíamos chamar de *crise social-produtiva*. (MARX, 2010b).

Destaca-se, então, a crise social-produtiva, por ser a forma mais clássica do capitalismo e por estar em um contexto micro, a saber, uma fazenda cujos lucros são interrompidos pelo processo de industrialização e de estatização de empresas no Brasil nos anos subsequentes à morte de Madalena, muito embora ela esteja relacionada a uma esfera macro de uma crise econômica mundial propriamente dita, que pode levar à expropriação e uma perda incorrigível para as intenções de lucro do capital e suas personificações. É como se a situação econômica sussurrasse para Paulo Honório: quem com a propriedade expropria, por ela será expropriado, lembrando que as crises são cíclicas. Em um cenário assim, sobrevive aquele que refletir sobre esse "desvio" do processo produtivo, reconhecendo que um dos polos responsáveis por essa etapa, a saber, o capital variável ou a classe trabalhadora tem capacidade subjetiva de resistir, modificar ou mesmo paralisar esse processo de produção.

Paulo Honório centralizou sua vida, confiante no capital, mas o mundo das mercadorias não é feito apenas por máquinas, tem no seio de todo seu processo uma peça da máquina que pode se desregular e se voltar contra a produção capitalista tal como existe. Seria impossível, nesse sentido, pensar uma teoria da crise, esquecendo-se desse elemento.

Sendo assim, é possível observar o suicídio como fato que marca um momento crucial: antes e depois dele. Oportunamente, vale lembrar o aspecto lexical que favorece a percepção da mudança no comportamento do narrador. Enquanto homem resolvido e dono do controle, orações coordenadas predominam em sua escrita, porém, mediante os acontecimentos que rompem com a ordem e com o que planejara para sua vida, a predominância passa a ser de orações subordinadas. Esse aspecto define a nova condição do narrador-personagem: um homem com imensa "necessidade de depor".

É notável também que, na primeira fase da narrativa, tenha-se — da prisão até o encontro com Madalena — a compreensão de quem é Paulo Honório. Entretanto, no segundo momento, após o encontro com Madalena até o final da trama, ele apresenta diversas exposições de pensamento e compartilha reflexões com o leitor, conferindo ao personagem um caráter mais complexo e demonstrando uma evolução dos afetos, expondo algumas fragilidades, além de uma visão aprofundada acerca do caráter dele. Sente-se isso na mudança da narrativa que seguia pulsante, com certo dinamismo, valorizando o aspecto econômico que ofusca os dramas pessoais; depois, a introspecção toma conta na voz de um narrador abatido pelas suas escolhas.

Admirador do marxismo, Graciliano adota um tom confessional que permite enxergar um traço distintivo no plano temático de suas obras:

> A modernidade de Graciliano conduz a construtura de sua obra sob a conceptualização de um marxismo independente e reflexivo

> na busca de entendimento de sua própria realidade nordestina, que distribui a tragédia entre a ´formação do burguês', em Paulo Honório, a condição 'parafuso' do pequeno-burguês Luís da Silva, e a expectativa da 'proletarização' revolucionária dos desvalidos sertanejos empurrados para a cidade grande. (FALLEIROS, 2017, p. 922)

Nesse momento, faz-se uma pausa para refletir se, de fato, a culpa deve ser atribuída à vida agreste que deu ao narrador uma alma agreste, segundo ele. Essa declaração funciona no texto (Capítulo 19) como uma tentativa prévia de justificar ao leitor a tamanha ignorância e o declínio, os quais serão revelados ao longo da narrativa, uma espécie de tributo ao capitalismo selvagem de onde foi forjado esse homem.

A respeito do estado subjetivo desse segundo Paulo Honório, em *Os bichos do subterrâneo*, Candido apresenta a seguinte problemática:

> Depois de uma vida de lutas e brutalidade, atinge o alvo, assenhorando-se da propriedade onde fora trabalhador de enxada (...) Aos quarenta e cinco anos casa-se com uma mulher boa e pura, mas como está habituado às relações de domínio e vê em tudo, quase obsessivamente, a resistência da presa ao apresador, não percebe a dignidade da esposa nem a essência do seu próprio sentimento. Tiraniza-a sob a forma de um ciúme agressivo e degradante; Madalena se suicida, cansada de lutar, deixando-o só e, tarde demais, clarividente. (CANDIDO, 2006, 108)

Dessa vez, o patrão passa a lidar com algo a que não estava acostumado: uma nova noção de valor, adquirida sob a dor da perda e sob o efeito estético da construção da narrativa, momento em que ele entenderá a lógica perversa do capital, produtora (e reprodutora também) dos seus novos problemas.

Tomando como referência as considerações do crítico Abdala Jr., essa narrativa comporta um eu-narrador e um eu-narrado. O fazendeiro que se apossa da fazenda, desposa Madalena e escreve um livro é o sujeito reificador, conforme o crítico, pois tudo é instrumento para seu enriquecimento. Já o que imerge em questionamentos, obrigado pelas circunstâncias a refletir sobre sua condição, é o problemático, o eu-narrado. (ABDALA JR., 2004). O fator problemático reside no sentido de ele ter que relatar, de modo confessional, sua história de vida que reúne ascensão e queda, como se isso lhe conferisse alguma redenção.

Em *Memória e Sociedade*, Ecléa Bosi destaca que

> Na maior parte das vezes, lembrar não é reviver, mas refazer, reconstruir, repensar, com imagens e ideias de hoje, as experiências do passado. A memória não é sonho, é trabalho. Se assim é, deve-se duvidar da sobrevivência do passado, 'tal como foi', e que se daria no inconsciente de cada sujeito. A lembrança é uma imagem construída pelos materiais que estão, agora, à nossa disposição, no conjunto de representações que povoam nossa consciência atual. Por mais nítida que nos pareça a lembrança de um fato antigo, ela não é a mesma imagem que experimentamos na infância, porque nós não somos os mesmos de então e porque nossa percepção alterou-se e, com ela, nossas ideias, nossos juízos de realidade e de valor. O simples fato de lembrar o passado, no presente, exclui a identidade entre as imagens de um e de outro, e propõe a sua diferença em termos de ponto de vista. (BOSI, 1994, p. 55)

Essa recomendação de Ecléa Bosi funciona como uma orientação para o exercício do olhar em face dos narradores que figuram nas obras de Brontë e de Graciliano.

Enquanto Paulo Honório narra sua própria história, há uma voz feminina que realiza essa tarefa sobre Heathcliff, introduzindo suas falas. Passa-se boa parte dos romances, observando esses dois homens que parecem implacáveis em seus projetos empreendidos em vida para, nos últimos capítulos, encontrarem-se seres humanos fragilizados pela dor.

Desolado, Paulo Honório à semelhança de Heathcliff, vaga pela casa à procura de uma presença: "E os meus passos me levavam para os quartos, como se procurasse alguém." (RAMOS, 2009, p. 213). Vejam-se, a seguir, excertos com a voz melancólica de Paulo Honório:

> [...] ouvi um grito de coruja e sobressaltei-me.
> (...)
> Emoções indefiníveis me agitam inquietação terrível, desejo doido de voltar, tagarelar novamente com Madalena, como fazíamos todos os dias, a esta hora. Saudade? Não, não é isto: é desespero, raiva, um peso enorme no coração.
> (...)
> Procuro recordar o que dizíamos. Impossível. As minhas palavras eram apenas palavras, reprodução imperfeita de fatos exteriores, e as dela tinham alguma coisa que não consigo exprimir. Para senti-las melhor, eu apagava as luzes, deixava que a sombra nos envolvesse até ficarmos dois vultos indistintos na escuridão.
> (...)
> A voz dela me chega aos ouvidos. Não, não é aos ouvidos. Também já não a vejo com os olhos. Estou encostado à mesa, as mãos cruzadas. Os objetos fundiram-se, e não enxergo sequer a toalha branca. (...) Agitam-se em mim sentimentos inconciliáveis, colerizo-me e enterneço-me; bato na mesa e tenho vontade de chorar. Aparentemente estou sossegado: as mãos continuam cruzadas sobre a toalha e os dedos parecem de pedra. Entretanto ameaço Madalena com o punho. Esquisito. (RAMOS, 2009, p. 216-221 — excertos do último capítulo)

De tão temido que era pelas pessoas, pelo fato de desconhecerem sua origem e de ser um cigano movido por um intenso sentimento de vingança, já perto de sua morte, Heathcliff reúne em si o antagonismo de temer e de desejar ver o espectro de Catherine, fato que, anos antes, só causava um medo que ele não demonstrava às pessoas:

> Percebi, então, que ele não encarava a parede; reparando melhor, parecia que fitava algo a menos de dois metros de distância. E o que quer que fosse aparentemente lhe transmitia prazer e dor em níveis extremos, pelo menos era o que a expressão a um tempo angustiada e extasiada de seu rosto sugeria. [...] Distingui os passos do Sr. Heathcliff, caminhando sem parar de um lado a outro, e frequentemente rompendo o silêncio com uma inspiração profunda, mais semelhante a um gemido. Ele também murmurava

> palavras desconexas; a única que pude compreender foi o nome de Catherine, junto com alguma arrebatada expressão de afeto ou sofrimento, pronunciada como se ele se dirigisse a alguém presente ali — em voz baixa e sincera, saída do fundo de sua alma. Não tive coragem de entrar na sala, mas queria arrancá-lo daquele delírio. (BRONTË, 2016, p. 352-353)

A forma como é visto não muda para quem convive com ele, a ponto de Nelly não perceber o quanto ele estava definhando, doente, realizando jejuns muito longos: "Aqueles olhos negros e fundos! Aquele sorriso e aquela palidez fantasmagórica! Não me parecia o Senhor Heathcliff, mas sim um goblin." (BRONTË, 2016, p. 350).

Emily Brontë guarda o tom confessional de Heathclif para, somente, revelá-lo nos dois últimos capítulos da obra: "Minhas confissões não me trouxeram nenhum alívio, mas podem explicar algumas alterações de humor, de outro modo inexplicáveis, que demonstro." (BRONTË, 2016, p. 346)

Ele não revelara até então, mas era movido pelas lutas imbatíveis com as memórias, fruto da convivência com Catherine. Para evitar lembrar, percebe-se que a proibição por ele instituída na casa, a saber, para ninguém rir ou demonstrar algum tipo de afeto, era simplesmente o seu escudo. "A memória só existe ao lado do esquecimento: um completa e alimenta o outro, um é o fundo sobre o qual o outro se inscreve." (SELIGMANN-SILVA, 2013, p. 53). Uma pessoa que testemunha a morte sobreviveu a ela, porém, de modo incompreensível, a morte a penetra em vida.

"Se o indizível está na base da língua, o sobrevivente é aquele que reencena a criação da língua." (SELIGMANN-SILVA, 2013, p. 52). E sendo a morte o indizível por excelência, que a toda hora tenta-se dizer, nesse momento, passa-se o cetro e o império da linguagem para as mãos dela. Certamente, para evitar essa sensação, Heathcliff não torna concreta na linguagem sua relação com a morte até estar tão próximo a ela. De forma semelhante, Paulo Honório narra sobre como constituiu sua riqueza em boa parte de suas memórias, deixando para refletir sobre a sensação de solidão na ausência de Madalena.

Enquanto Paulo Honório tenta lembrar e imprimir suas memórias em uma narrativa, Heathcliff evita verbalizar suas memórias, até o ponto que flerta com a morte e, para Nelly, reencena seus sentimentos em uma dialética íntima que liga o lembrar ao esquecer. "Se pensarmos na etimologia latina que deriva o 'esquecer' de cadere, cair: o desmoronamento apaga a vida, as construções, mas também está na origem das ruínas — e das cicatrizes. A arte da memória, assim como a literatura de testemunho, é uma leitura de cicatrizes." (SELIGMANN-SILVA, 2013, p. 56).

De forma excitada, entre espasmos e delírios, resistindo feito um titã a um jejum de quatro dias, Heathcliff revela a Nelly:

> Não é minha culpa se não consigo comer ou descansar. [...] Garanto a você que não é intencional. Vou fazer as duas coisas assim que puder. Mas seria o mesmo que pedir a um homem prestes a se afogar que descanse um pouco, quando está praticamente alcançando a praia! Preciso alcançá-la primeiro, depois descanso. [...] Estou feliz demais, e ainda não estou feliz o suficiente. O êxtase da minha alma está matando o meu corpo, mas não se satisfaz. [...] Para vocês, eu me transformei em algo pior do que o diabo. Bem, há uma pessoa que não foge da minha companhia! Céus, como ela é implacável. Ah, inferno! É demasiado para alguém de carne e osso... até mesmo para alguém como eu. (BRONTË, 2016, p. 354)

Dois homens que passearam pelos diferentes padrões sociais: da caridade de quem os detestava para o pódio de poder, conferido pelas condições econômicas. Duas histórias fortes de enriquecimento, à base da exploração de oprimidos, com motivações distintas: um pelo simples desejo de enriquecimento; outro, pelo desejo de vingança por não poder viver um amor em face das condições históricas nas quais está inserido. Tais condições implicaram suas relações com os seus amigos, com seus empregados, com sua esposa e até com eles mesmos.

Bosi (1994) e Seligmann-Silva (2013) reiteram o que Dostoiévski (2000, p. 14), em suas *Memórias do Subsolo*, menciona antes de iniciarmos a leitura: "Tanto o autor como o texto destas memórias são, naturalmente, imaginários. Todavia pessoas como o seu autor não só podem, mas devem existir em nossa sociedade, desde que consideremos as circunstâncias em que, de um modo geral, ela se formou."

O peso dessas "circunstâncias" no contexto de cada obra estudada evidenciou os conflitos sociais e humanos. Seus protagonistas Heathcliff e Paulo Honório, da forma como estão "expostos" nas respectivas narrativas, permitem lembrar situações destacadas pelo homem do subsolo, vividas no passado, a saber: a pobreza de espírito; a forçada tentativa de se sentir aceito em uma sociedade que dita as regras sociais; as frustrações perante os seus objetivos frustrados, sobretudo de conseguir levar uma vida social sadia e se fazer notado, respeitado e aceito de forma bem quista.

Heathcliff é movido pelo ódio, mas não chega a ser tão cínico quanto Paulo Honório. Porém ambos, à semelhança do homem do subsolo, são adeptos da política do morde-assopra. Mordem para conquistar e assompram quando têm interesse de que seus projetos sejam exitosos, mesmo que precisem passar por cima de uma atitude humanista. A vida de cada um se constrói em uma narrativa labiríntica, tortuosa e conflitante. Decerto, não é de se estranhar que o leitor sinta o enredo em vertigens pelas suas atitudes; repulsa pela violência infligida a seres humanos, tratando-os, reificadamente, como suas propriedades; comoção pelas suas infâncias tão violentamente brutais. Seus conflitos interiores, como homens de subsolo que são, impulsionam a uma identificação com o fato de estarem desnudos diante de um espelho e faz perceber seus questionamentos e conflitos interiores como algo análogo a mentes inquietas; levando o leitor a se identificar com eles porque a busca por amar e se sentir amado — base da construção dos afetos — são compreensivelmente ambições humanas que não se capitalizam.

Estabelecer uma comparação entre eles e o protagonista anônimo de Dostoiévski tem uma razão explícita: eles são representações de diversas outras mentes inquietas que não conseguem encontrar seu lugar neste universo. Eles são vozes de quem ainda vive em um mundo subterrâneo e particular de suas emoções.

CAPÍTULO 2

O HOMEM-PROPRIEDADE NAS RELAÇÕES DE PODER: HEATHCLIFF E PAULO HONÓRIO

"Conheces o nome que te deram, mas não conheces o nome que tens", diz o Livro das Evidências, que nunca existiu, contudo foi mencionado por Saramago em sua obra *Todos os Nomes* (1997, p. 11). À semelhança da troça criativa borgeana com relação às obras inexistentes referenciadas, o autor português realiza uma pantomima literária, que possui um objetivo preciso: levar a refletir quem é a humanidade de fato, conduzindo à reflexão sobre o significado da existência. Assim, inevitavelmente, a reflexão evoca um pensamento oposto, a saber, a não existência como um tipo de condenação em vida.

Mesmo que o indivíduo esteja alienado de si no mundo, o sistema capitalista que o conduz se encarrega de cumprir o seguinte papel: conferir-lhe uma identidade social, conforme sua lógica que deriva da dialética entre o ser e a sociedade. Essa identidade

> se caracteriza pelo conjunto de suas vinculações em um sistema social: ligado a uma classe sexual, a uma classe de idade, a uma classe social, a uma nação etc. A identidade permite que o indivíduo se localize em um sistema social e seja localizado socialmente". (BERGER; LUCKMANN, 1976, p. 230)

Corroborando essa linha de pensamento, outro autor mostra que a identidade também se "constitui como uma categoria de atribuição de significados específicos a tipos de pessoas em relação uma com as outras [...]" (BRANDÃO, 1986, p. 10). Além disso, reforça a ideia do condicionamento da identidade pessoal pelas expectativas que o grupo social estabelece para com seu portador. A própria identidade pessoal passa a ser um nome socialmente construído, isto é, "os nomes que a ordem social atribui aos seus membros" (BRANDÃO, 1986, p. 35).

Nesse estudo, o desenho social dos dois personagens nos romances, Heathcliff e Paulo Honório, parte de uma condição inicial em comum: eles são seres silenciados pela sociedade. Somente ao final do romance é que o circunspecto Heathcliff tem sua voz introduzida por uma narradora. Paulo Honório, ao ganhar voz, aparece em conversas azedas, frases cortantes. Com os discursos emoldurados por um sarcasmo, sinalizam suas naturezas mais brutas até aparecerem suas identidades lapidadas pelo lastro social onde foram forjados.

Mesmo quando suas condições econômicas mudam, esses homens tão ligados à terra permanecem com a fisionomia da dureza, da brutalidade e da degradação. Algo em comum os une, no que concerne às origens: eles são uma incógnita. Suas existências são marcadas por estigmas sociais. Não se sabe a que família pertenceram. Esse último fato é bastante relevante e determinante na busca de ambos por uma identidade para se sentirem aceitos, passarem da invisibilidade à existência em seus devidos contextos e alcançarem seus objetivos.

Pobres e estigmatizados socialmente por serem nômades moradores de rua, um é cigano e o outro, ex-presidiário. Conforme discutido e detalhado no capítulo anterior, eram escórias em seus contextos.

Em torno deles, há uma história de formação da riqueza que conduz o tabuleiro do mundo, no qual eles são peças. Heathcliff conserva uma relativa ingenuidade romântica, pois é movido pelo ímpeto; já Paulo Honório é a visão materialista encarnada na figura de um homem. Contudo o acúmulo de capital é um passaporte para as suas identidades.

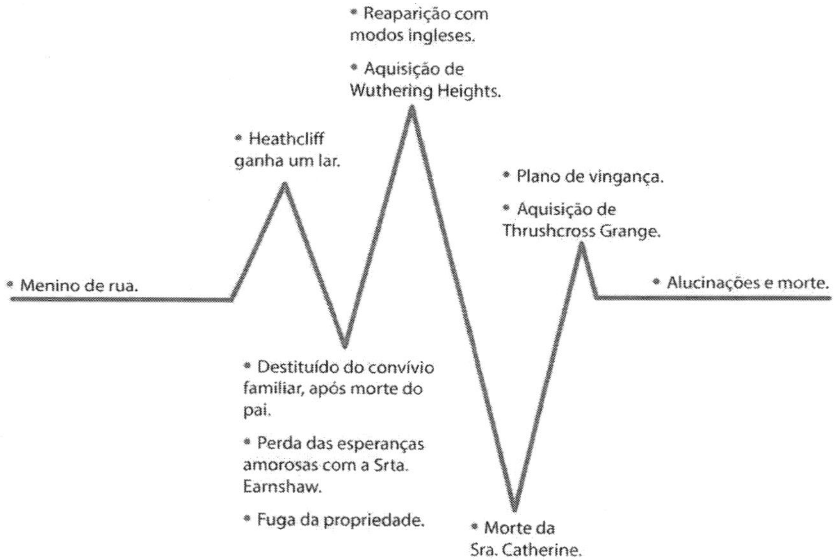

Fig. 3 Trajetória de Heathcliff
Fonte: Imagem criada para uso exclusivo na tese. (Maio/2019)

Heathcliff ainda tem um agravante: é estrangeiro, reduzido à situação de pária, privado de direitos, excluído de participar da sociedade como um cidadão inglês, correndo o risco de morte lenta pela miséria na primeira e segunda infância. Quando parece ter visibilidade como sujeito, após a morte do seu pai adotivo, é excluído da família, passando a ser um servo do irmão mais velho Hindley. Do início ao fim, sua história oscila entre altos e baixos, vigorosa e exuberante, do grotesco ao sublime.

As oscilações fazem jus ao novo conceito de arte discutido por Vitor Hugo para tratar sobre o belo, uma vez que "o feio existe ao lado do belo, o disforme perto do gracioso, o grotesco no reverso do sublime, o mal com o bem, a sombra com a luz" (HUGO, 2006, p. 26), pois ele defendia que o homem moderno deveria considerar esse agir humano repleto de misturas que, por sua vez, deveriam ser impressas, através da hibridização de gêneros, abandonando as fronteiras que separam tragédia e comédia. Quando teorizou sobre a síntese do homem moderno, cômico em meio à tragédia, a Europa assistia a um fenômeno que mudaria o mundo feudal: a classe burguesa em ascensão. De Hugo à Emily, esses novos fundamentos estéticos impulsionariam a escrita vanguardista, conforme já discutido no capítulo anterior.

Acontece que o Romantismo não se limitou a uma simples tendência estética dos séculos XVIII e XIX, mas a um movimento cultural que se opôs ao espírito capitalista; uma cosmovisão complexa e profunda de uma

> [...] forma de habitar o mundo, não apenas prosaicamente com artefatos, máquinas, ordenações sociais e jurídicas, mas, principalmente, habitar poeticamente o mundo ao articular a máquina com poesia, o trabalho rotineiro com a criatividade, o interesse com a gratuidade, a objetividade nos conhecimentos com a subjetividade emocional, o pão penosamente ganho com a beleza fascinante das relações calorosas. (BOFF, 1977 apud löwy;sayre, 2015, p. 15)

Em suma, essa cosmovisão levou à *revolta* contra o excesso de materialismo, a dominação burocrática e o desencanto do mundo que transformou tudo em mercadoria, provocada pela lógica do capital; e, também, levou à melancolia diante da anêmica cultura que desrespeita a alteridade, a ética do cuidado e a responsabilidade universal, degradando o homem à condição de objeto. O modo de produção muda, mas as lutas de classes permanecem, apenas trocando os nomes do opressor e do oprimido.

Enquanto corrente sociopolítica, inapreensível e contraditória, além de inseparável das manifestações culturais e literárias, em essência, seus traços mais fundamentais são "a nostalgia das sociedades pré-capitalistas e uma crítica ético-social ou cultural ao capitalismo." (LÖWY, 2008, p. 12).

Löwy (2008) propõe quatro tipos ideais de vertentes românticas que se posicionam sobre essa ideia messiânica, sobre esse flerte com o passado pré-capitalista: 1) O *romantismo passadista ou retrógrado*, cujo objetivo está voltado ao restabelecimento do estado social precedente; 2) O *romantismo conservador*, que deseja a manutenção da sociedade e do Estado à semelhança de nações não tocadas pela Revolução Francesa; 3) O *romantismo desencantado*, cujo retorno ao passado é impossível, pois a industrialização é irreversível; 4) O *romantismo revolucionário (e/ou utópico)* que recusa não só a ilusão de retorno ao passado como também uma reconciliação com o presente, porém procura uma saída na esperança do futuro.

Para a fundamentação desta tese, interessa o último dado, o viés marxista. Ademais, dentre outras razões, pelo tipo de sociedade pré-capitalista tomada como referência, isto é, não se trata do sistema feudal exatamente. A idade de ouro pré-capitalista varia entre os autores cuja visão é nitidamente socialista:

> [...] é um 'estado de natureza', mais ou menos típico em Rousseau ou em Fourier, o antigo judaísmo em Moses Hess, a Grécia Antiga em Hölderlin, no jovem Lukács e em muitos outros, o 'comunismo inca' no marxista peruano José Carlos Mariátegui, as comunidades rurais tradicionais nos populistas russos e Gustav Landauer etc. (LÖWY, 2008, p. 16)

O romantismo revolucionário não busca conservar, mas encontrar uma forma de renascença, haja vista que a revolução deve tomar dimensões pré-capitalistas.

Esse conceito aproxima romantismo e marxismo, já que Engels e Marx, embora tenham criticado as ilusões passadistas de Balzac e Carlyle, apropriam-se da crítica romântica anticapitalista feita por eles ao relacionar a nostalgia do passado com a esperança no futuro de forma revolucionária. Mesmo assim, Marx e Engels reconhecem o papel da burguesia e suas realizações econômicas.

Para entender como esse espírito se instala na Inglaterra, é necessário um recuo no tempo, em 1558, quando Elizabeth assume o trono, apoiada pelo Parlamento Inglês. Autoritária, implanta a Igreja Anglicana, tornando a Inglaterra protestante. Lança o país em disputas comerciais pelas colônias do Novo Mundo. Por medida preventiva para conter uma possível conspiração, manda decapitar a sua rival e prima, Mary Stuart, rainha da Escócia. Expande o comércio e prepara o cenário para a indústria, já instituindo leis trabalhistas. É sob o seu governo que passa a existir a lei de cercamento que mudará completamente a vida dos servos e escravos, alguns deles futuros proletários rurais, fazendo surgir um novo modelo de propriedade.

> Cercamento era um termo técnico que indicava o conjunto de estratégias usadas pelos lordes ingleses e pelos fazendeiros ricos para eliminar o uso comum da terra e expandir suas propriedades." (FEDERICI, 2004, p. 133)

Antes de ser instituída a lei do cercamento, as propriedades rurais inglesas eram terras comunais sobre a qual havia solidariedade e sociabilidade campesina, funcionando como centro da vida social da população campesina. Até então as mulheres também participavam da vida social. Quando esse sistema de campos abertos foi abolido e as terras cercadas, a cooperação no trabalho agrícola acabou, os contratos individuais substituíram os coletivos e as diferenças econômicas entre a população rural aumentou. Precarizadas as condições de trabalho, os ocupantes ilegais se sujeitavam às exigências do proprietário. O resultado foi a polarização, em virtude não só das desigualdades como também do ódio entre pessoas.

> Logo que perderam o acesso à terra, todos os trabalhadores lançaram-se numa dependência econômica que não existia na época medieval, considerando-se que sua condição de sem-terra deu aos empregadores o poder para reduzir seu pagamento e ampliar o dia de trabalho. Em regiões protestantes, isso ocorreu sob o disfarce da reforma religiosa, que duplicou o ano de trabalho, por meio da eliminação de feriados religiosos. (FEDERICI, 2004, p. 140)

A vida social do campesinato junto com as festividades tradicionais passou a não mais existir. Uma marcha que era feita no período que antecedia a colheita, responsável por promover o bem-estar e a socialização entre os trabalhadores, foi extinta, dado o seu caráter religioso. Ressalte-se que a nação deixou de ser católica e foi forçada a adotar o modo de vida protestante, mudando a mentalidade social e econômica da época; que as mulheres, pressionadas pela ideologia protestante e pela mudança nas relações de trabalho, passaram a guardar-se no lar, recatadas. Sobre o universo feminino, o próximo capítulo detalhará as implicações da propriedade privada e do novo modo de produção, capitalista.

No romance de Emily Brontë, inexistem festas. Os únicos momentos de celebração e/ou alegria são mencionados durante a infância de Heathcliff e Catherine, quando brincavam. As pequenas memórias desse retorno à infância são raras e, ao serem recuperadas por Nelly, revestem a narrativa de uma tonalidade romântica. Embora sejam realizados dois casamentos, as cerimônias são fechadas às famílias, na igreja, e o sentimentalismo romântico dá lugar à narrativa objetiva.

O outro momento, deveras dialético, ocorre quando Heathcliff está próximo à morte e não mais sente medo ao ver o espectro de Catherine — fato que ocorria a ponto de não entrar no antigo quarto da irmã. É um dos momentos mais sublimes da tragédia, quando o leitor se depara com um Heathcliff sem forças, cuja vida está deixando o corpo, porém com sorriso de contentamento em um instante intensamente epifânico. Como bem enfatizou Nelly Dean:

> Ver o patrão alegre não seria um espetáculo corriqueiro. Inventei uma desculpa para entrar. Heathcliff estava de pé, junto à porta aberta; pálido e trêmulo, embora, sim, decerto houvesse um brilho estranho e alegre em seus olhos que alterava o aspecto de todo o seu rosto. (BRONTË, 2016, p. 348)

Nesse lugar em que os ventos uivam, a felicidade só pode aparecer sob duas condições: ou na infância, sob a forma da ingenuidade romântica, ou por meio de delírios e sonhos — tecidos com o subjetivismo romântico — como se fosse um espectro.

> A propriedade do Sr. Heathcliff chama-se, adequadamente, Wuthering Heights, sendo Wuthering um significativo adjetivo provinciano para designar o tumulto atmosférico ao qual ela está sujeita em tempo tempestuoso. (BRONTË, 2016, pág. 20)

O adjetivo uivante não só remete ao tipo de som produzido pelo vento nas charnecas como nos leva para hábitos biológicos ancestrais. Por exemplo, herdado do lobo, um cão uiva quando deseja se fazer comunicar e não há contato visual; quando busca aliviar o tédio e a solidão; quando extravasa sua frustração. Cães e lobos uivam na tentativa de trazerem de volta um membro da matilha. No que se torna Heathcliff ao final da vida, enquanto aguarda a morte? Aliás, em algum momento ele foi visto como cidadão pela sociedade que o rodeava? Um ser que não dialoga, mas rosna. Um arremedo de homem cercado de solidão por todos os lados, movido feito fantasma, ou lenda, por uma nostálgica vontade de reencontrar seu amor. Em uma semivida, este ser que não ri ainda proíbe o riso, qualquer indício de amor ou afeto visível entre os membros familiares.

Excetuando-se esses dois momentos em que a felicidade efêmera dá um rasante nessa existência cinza, quando Catherine e Heathcliff se tornam adultos, a sensação que o leitor tem sobre a casa e o ambiente que os cerca é que há uma energia, um peso que puxa para baixo, o peso da melancolia que move com muita dificuldade os afetos dos moradores, de forma lúgubre e hostil, enquanto por dentro são vulcões que ardem, oscilando entre amor e ódio. Feriados sequer são citados. Apenas as idas à igreja, aos domingos, parece ser o único momento de interação social.

Os funcionários da casa trabalham exaustivamente. No período em que se passa o enredo, a propriedade privada já está instituída, o modo de vida burguesa já está instalado na Inglaterra. As pessoas seguem ilhadas do convívio social na propriedade.

O saudosismo pelo passado aparece nas marcas linguísticas que Nelly Dean emprega, no fluxo mnemônico das recordações, quando chama Cathy e Heathcliff por nomes de personagens folclóricos, normalmente ligados às forças ocultas do mal, mencionados no capítulo anterior. A lógica do capital não dá folga para as tradições, consequentemente nem para a humanização. Pela falta de interação, as pessoas são secas e frias assim como as charnecas onde foi construída a propriedade. O próprio clima, em determinadas épocas do ano, já enclausura as pessoas.

Do século XVI ao XVIII, a derrubada de cerca foi uma forma de protesto social e símbolo do conflito de classes. As mulheres se viram prejudicadas, pois, assim que a terra foi privatizada e as relações monetárias começaram a dominar a vida econômica, a misoginia aumentava e elas não mais participavam do cultivo coletivo. A economia de subsistência, paulatinamente, acabou.

Em meio aos processos de aquisição de propriedades, aparece um grupo social emergente: *os gentry*, que viriam a ser o retrato da sociedade inglesa, mais próxima do que ela deveria ser na virada do século XIX. Durante o regime feudal, em 1436, eles detinham 25% das terras, enquanto a igreja e a coroa juntas tinham entre 25 e 30%. Em 1690, o percentual já se inverte, demonstrando essa mudança: a igreja e a coroa juntas detêm entre 5 e 10%, enquanto os gentry possuem entre 45 e 50% das terras inglesas.

Quando Heathcliff chega, em 1771, à *Wuthering Heights*, a família Linton é detentora de uma grande extensão de terras, retrato burguês da Inglaterra rural em ascensão.

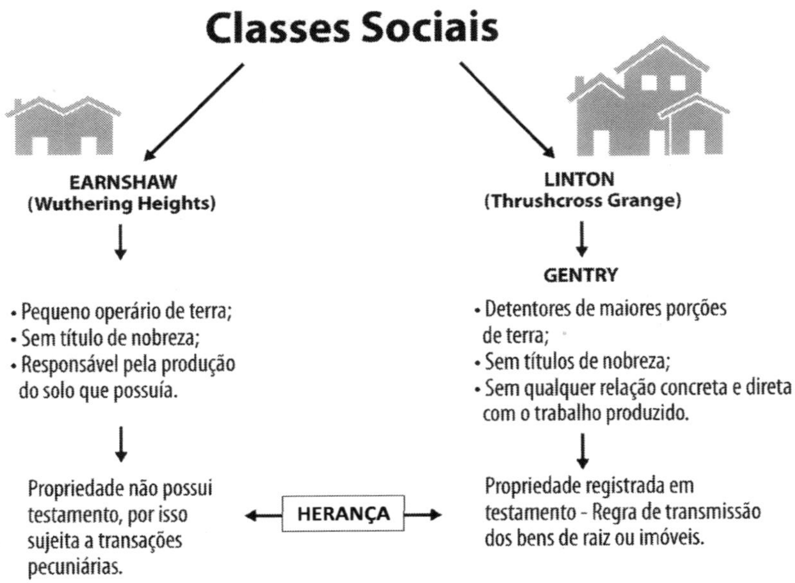

Fig. 4 Classes sociais
Fonte: Imagem criada para uso exclusivo na tese. (setembro2018)

A família Linton é de magistrados que não lidam diretamente com a terra. Possui muitos empregados. Nitidamente, vivem em melhores condições que a família Earnshaw.

Um ponto de tensão vai sendo estabelecido entre Heathcliff e seu irmão Hindley, aparentemente por ciúme, já que o pai demonstra um amor incondicional pelo pequeno cigano e este sempre atende aos seus pedidos. Uma leitura possível para essa tensão entre os irmãos encontra respaldo na concepção da propriedade privada em uma Inglaterra industrial, revolucionária e, ao mesmo tempo, castigada pela fome. Marx reconhece que o capital emerge "escorrendo sangue e sujeira dos pés a cabeça." (Marx, 2011c, p. 550).

Mais adiante, em seus Manuscritos Econômicos-Filosóficos, embora ressalte o caráter revolucionário do capitalismo, Marx lamenta o resultado do estabelecimento desse tipo de propriedade:

> A propriedade privada tornou-nos tão néscios e parciais que um objeto só é nosso quando o temos, quando existe para nós como capital ou quando é diretamente comido, bebido, vestido, habitado, etc., em síntese, utilizado de alguma forma. (...) Assim, todos os sentidos físicos e intelectuais foram substituídos pela simples alienação de todos eles, pelo sentido de ter. (2010b, p. 38)

Ele não se posiciona contra a propriedade adquirida por meio da força de trabalho, mas contra a espoliação que os burgueses cometiam. Na época, os burgueses não trabalhavam — perceba-se que a família Linton é proprietária rural que não lida com a terra diretamente. Durante a narrativa, não há indícios de terem cometido alguma ilicitude. As propriedades foram adquiridas por herança, passadas de pai para filho. Heathcliff, no entanto, recebe Wuthering Heights por dívida de jogo e Thrushcross Grange por herança, já que seu filho adoece, casa-se com a filha de Catherine, e, antes de morrer, é obrigado por Heathcliff a passar a propriedade para ele, deixando a prima viúva, sem nada, dependente do novo proprietário. É mister ressaltar que, nesse período, era muito comum a aquisição das terras através de fraudes de documentos que conferiam legitimidade ao processo de usurpação. Concomitante a isso, a massa de trabalhadores enfrentava uma jornada diária superior a 14 horas de trabalho, por isso Marx registra a seguinte crítica na obra supracitada:

> A Revolução Francesa, por exemplo, aboliu a propriedade feudal em proveito da propriedade burguesa. O que caracteriza o comunismo não é a abolição da propriedade geral, mas a abolição da propriedade burguesa. Ora, a propriedade privada atual, a propriedade burguesa, é a última e mais perfeita expressão do modo de produção e de apropriação baseado nos antagonismos de classes, na exploração de uns pelos outros. Neste sentido, os comunistas podem resumir

> sua teoria nesta fórmula única: a abolição da propriedade privada. Censuram-nos, a nós comunistas, o querer abolir a propriedade pessoalmente adquirida, fruto do trabalho do indivíduo, propriedade que se declara ser base de toda liberdade, de toda atividade, de toda independência individual. A propriedade pessoal, fruto do trabalho e do mérito! Pretende-se falar da propriedade do pequeno burguês, do pequeno camponês, forma de propriedade anterior à propriedade burguesa? Não precisamos aboli-la, porque o progresso da indústria já a aboliu e continua a aboli-la diariamente. [...] Horrorizai-vos porque queremos abolir a propriedade privada. Mas em vossa sociedade a propriedade privada está abolida para nove décimos de seus membros. E é precisamente porque não existe para estes nove décimos que ela existe para vós. Acusai-nos, portanto, de querer abolir uma forma de propriedade que só pode existir com a condição de privar a imensa maioria da sociedade de toda propriedade. Em resumo, acusai-nos de querer abolir vossa propriedade. De fato, é isso que queremos. Desde o momento em que o trabalho não mais pode ser convertido em capital, em dinheiro, em renda da terra, numa palavra, em poder social capaz de ser monopolizado, isto é, desde o momento em que a propriedade individual não possa mais converter-se em propriedade burguesa declarais que a individualidade está suprimida. Confessais, pois, que quando falais do indivíduo, quereis referir-vos unicamente ao burguês, ao proprietário burguês. E este indivíduo, sem dúvida, deve ser suprimido. O comunismo não retira a ninguém o poder de apropriar-se de sua parte dos produtos sociais, apenas suprime o poder de escravizar o trabalho de outrem por meio dessa apropriação. (MARX, 2010b, p. 42)

O que acontece é que Hindley não deseja partilhar os bens herdados com o irmão adotivo. Provoca um segundo processo de perda (automaticamente de identidade), privando-o de fazer parte da família e relegando-o não à condição de proletário rural, mas de propriedade também. Assim, Heathcliff nem se assemelha aos servos da gleba feudal, pois não possui terras para subsistir e sua força de trabalho é vampirizada pelo opressor, nem é propriamente um escravo que, primitivamente, era herdado por direito de guerra ou sanção penal. Em nenhuma dessas duas categorias, ele se encaixa. Finalmente, enquanto classe social, é uma incógnita também.

Assim que voltam do velório do pai, Catherine desabafa em tom lacrimoso:

> Pobre Heathcliff! Hindley chama-o de vagabundo e não permite que se sente conosco, nem que coma junto conosco. Diz ainda que ele e eu não devemos brincar juntos, e ameaça expulsá-lo de casa se desobedecermos às suas ordens. Culpa nosso pai (como ousa?) por ter tratado H. com liberdade excessiva, e jura que vai colocá-lo no seu devido lugar. (BRONTË, 2016, p. 48)

Há um detalhe nessa fala: quando as áreas rurais coletivas passaram a ser divididas em propriedades privadas, o tratamento com os peregrinos — antes acolhidos pelo grupo campesino era o mesmo destinado a vagabundos. Assim, eram trancados em casas correcionais, as quais funcionaram como modelo para o futuro sistema carcerário inglês.

Sabendo que a família é uma experiência política na concepção marxista e recuperando a informação de que essa luta de Hindley pela propriedade remete a um passado recente, a saber, antes e depois da lei de cercamento inglesa, encontra-se aqui um ato simbólico notadamente marcado por um messianismo romântico: quando o pai, o Sr. Earnshaw, leva a criança cigana para fazer parte da família, rememora um tempo em que a Inglaterra campesina desfrutava da propriedade rural coletivamente. Hindley não aceita, pois a propriedade privada atende a um modelo econômico irreconciliável com o anterior. Não há como regressar. O futuro de esperança de Heathcliff logo é ameaçado e acaba ruindo quando o seu pai adotivo falece, tendo se passado apenas dois anos da chegada desse filho adotivo.

Em face desse breve período de pseudo-usufruto, é oportuno lembrar que Marx faz uma advertência sobre a luta de classes:

> De tempos em tempos, os trabalhadores vencem, mas apenas provisoriamente. O verdadeiro resultado de suas lutas não é o êxito imediato, mas a união cada vez mais ampla dos trabalhadores. (MARX, 2014a, p.119)

Acontece que a burguesia utiliza estratégias de isolamento, a fim de impedir que os trabalhadores se organizem e consequentemente não concretizem suas lutas. Hindley, primeiro, isola Heathcliff no celeiro, depois o separa da irmã. Se Hindley fosse um elemento da estrutura ideológica, ele seria o Estado, que estabelece a economia e mantém uma forma de vigilância na relação entre os habitantes, as riquezas, os comportamentos individuais e coletivos, tão severa quanto à do pai de família em um universo patriarcal do século XIX. (FOUCAULT, 1979).

No século XIX, Engels alia o materialismo histórico à antropologia e contribui de forma significativa ao lançar um olhar para a família, baseado em uma investigação feita por Lewis Morgan que viveu entre as populações indígenas estadunidenses, sobretudo os iroqueses. Tal investigação dividiu as sociedades humanas em três estágios de evolução: selvageria, barbárie e civilização.

Em sua obra *A origem da família, da propriedade privada e do Estado*, importante estudo para o século XIX, influenciado por Morgan, Engels levanta a seguinte tese central: na passagem da selvageria para a barbárie, que ele intitula *final do comunismo primitivo*, o surgimento da propriedade privada gera a opressão de classe, inclusive de outros homens em novas formas de servidão. Ele enfatiza a opressão feminina com a subordinação da mulher ao direito paterno para garantir a transmissão de sua linhagem e propriedade. Nesse sentido, afirma não só que a derrota histórica do gênero feminino ocorreu como também reconhece que a origem da opressão feminina é cultural, muito embora transcenda as concepções socialistas, comunistas, capitalistas.

Em que momento, nas sociedades de caça, quando a mulher era considerada um ser sagrado, a humanidade caminhou da "inveja do útero" para a "inveja do pênis" nas culturas patriarcais mais recentes? O cerne da questão é que, ainda nas sociedades antigas, enquanto a mulher detém o poder biológico, o homem passa a desenvolver o poder cultural com o avanço da tecnologia.

> Nos grupos matricêntricos, as formas de associação entre homens e mulheres não incluíam nem a transmissão do poder nem a da herança, por isso a liberdade em termos sexuais era maior. Por outro lado, quase não existiam guerras, pois não havia pressão populacional pela conquista de território. (MURARO, 2017, p. 10)

Na sociedade capitalista, percebe-se uma diferença brutal. A obra de Engels mostra isso, por meio da seguinte analogia: "na família, o homem é o burguês e a mulher, o proletário". (ENGELS, 2018, p. 89-90). Ele não esconde a admiração pelos povos do comunismo primitivo, por uma razão singular: havia preponderância feminina na organização social. O sistema matriarcal ou de direito materno provoca um sentimento messiânico no autor.

Ademais, na obra supracitada, o seu posicionamento crítico sobre o conceito burguês de civilização, também colabora para elevar a comunidade primitiva. Para isso, ele menciona a expansão colonialista europeia sob o manto da civilização que se propõe introdutora da modernização na vivência desses povos primitivos, cujo pacto de divisão da África acabava de ser selado no Congresso de Berlim, em 1881. Engels não só elogia as liberdades desses povos em estado selvagem como também o caráter democrático original das organizações gentílicas, enfatizando que esses povos do *estado da barbárie*, fazem desta um salvo conduto, uma arma na mão dos oprimidos, perante o caráter dúbio, ambíguo, equívoco e contraditório de tudo que a civilização produz. (ENGELS, 2018).

Voltando ao contexto do enredo, a tensão entre Hindley e Heathcliff, coloca em choque o primitivo e o civilizado. Entrementes, a violência é a alavanca de exploração de Hindley sobre a força de trabalho do irmão, mantendo-o alienado para que seu projeto de acumulação primitiva seja exitoso, não pagando salários, exigindo uma jornada insana de trabalho, além de oferecer o pior alojamento possível, no celeiro. Em outras palavras, trabalho morto na forma de bens roubados e trabalho vivo na forma de ser humano posto à disposição para sua exploração, colocada em prática numa escala nunca antes igualada na história.

> De forma significativa, a tendência da classe capitalista durante os primeiros três séculos de sua existência era impor a escravidão e outras formas de trabalho forçado como relação de trabalho dominante, uma tendência que só foi limitada pela resistência dos trabalhadores e pelo perigo de esgotamento da força de trabalho. (FEDERICI, 2004, p. 121)

A sociedade do capital, em se tratando de sua constituição, foi e continua permeada por contrastes, paradoxos, paradigmas estabelecidos para a legitimação de poder, bem como a hegemonia e a ideologia na relação entre as classes dominantes e as dominadas, tendo em vista todas as formas de identificação e racionalização da consciência dos indivíduos.

Harnecker (1973, p. 27) lembra que, "para o marxismo, a compreensão última dos processos históricos deve ser buscada na forma pela qual os homens produzem os meios materiais". Sendo assim, as relações de poder sempre estiveram presentes na construção e na constituição das sociedades como um todo para reforçar e impulsionar essa produção, mesmo que, para isso, custe a vida do trabalhador.

Localizados em seu devido contexto, para que tenham sua identidade social reconhecida, tanto Heathcliff quanto Paulo Honório dependem da representatividade no(s) grupo(s) em que estão inseridos, cujo suporte são os valores sociais e subjetivos. O problema é que nem na Inglaterra do século XIX e nem no Brasil do início do século XX, havia partidos de massa e sindicatos que impulsionassem uma polarização política prevista por Marx, a ponto de incitar a revolução proletária que, segundo a sua teoria política, seria uma consequência da luta de classes. Meados do século XX em diante é que haveria essa sensibilização das massas na Europa. No Brasil, como o capitalismo não foi um movimento popular e sim das elites, inviabilizou-se essa organização coletiva por muito tempo. Mesmo com esse detalhe em sua teoria política, resultante da visão idealista, Marx mantém seus conceitos filosóficos até hoje pertinentes, para desassossego da direita que procura dar um atestado de óbito às suas ideias.

Além disso, da forma como as ideias marxistas foram introduzidas no Brasil, não se podia esperar uma boa recepção em face da crítica duvidosa e tendenciosa. Na obra *Em torno de Marx*, Konder cita o deputado Machado Freire Pereira da Silva (1832-1910), o qual "alertou seus colegas para o perigo que os comunistas representavam, já que o comunismo era o cancro do mundo moderno". (2016, p. 119). O ministro das relações exteriores Manoel Francisco Correia (1831-1905) ameaçou prender e extraditar qualquer estrangeiro que pedisse asilo político no Brasil. Esperar que a elite brasileira aceitasse as ideias que, futuramente, fundamentariam os partidos de esquerda e impulsionariam a luta coletiva dos trabalhadores, em se tratando que o capitalismo ocorreu no seio da elite, e divulgassem amplamente para os 80% de analfabetos, seria ingênuo. Obviamente era necessário pôr medo, criminalizar, para assegurar que esse projeto ideológico não chegaria ao povo, haja vista que se tornaria uma arma de luta.

Sujeito da práxis, o homem transforma o mundo e a si mesmo, porém, a complexidade do sistema capitalista faz com que os indivíduos libertos de grilhões obsoletos acabem assumindo novos vínculos também aprisionadores, pois, por trás disso, existe o Estado exercendo seu papel ideológico, a fim de manter os mecanismos de controle sob novos formatos — em geral, o executivo e o legislativo atuando em conjunto.

Com sua fina ironia, em meio à retaliação dos políticos brasileiros ao comunismo, Machado de Assis, sob o pseudônimo de Lélio, publicou na *Gazeta de Notícias* do Rio de Janeiro, Edição 13, uma crônica em 13 de janeiro de 1885. No texto, Lélio relata a interceptação da carta de um socialista, o russo Petroff, pela polícia brasileira. Nela, há um relato da visita de Petroff ao Clube Socialista no Rio de Janeiro e sua grande satisfação por encontrar abaixo dos trópicos uma célula multiplicadora do movimento socialista europeu. O adjetivo "socialista", atribuído ao clube, provoca o humor. À medida que a narrativa avança, é impossível ao leitor segurar o riso, quando passa os olhos pelo fragmento: "Nosso incomparável Karl Marx". (1885, p. 1) Em resumo, o estrangeiro se sente em casa.

Basicamente, o homem busca imprimir sua identidade no mundo social que, por sua vez, é efetivada dentro dessa teia chamada poder. E o poder é o substrato que mobiliza as forças econômicas, sociais ou políticas para obter certo resultado, embora possa ser exercido de forma consciente ou não, e/ou, frequentemente, exercido de forma deliberada. Enquanto Lélio age com a pena da galhofa (Quantos leitores devem ter levado a sério a referida carta?); Heathcliff é movido pelo amor e pela perda; e, finalmente, Paulo Honório engendra todo um modo de produção, inicialmente sem motivações amorosas.

Isto posto, o elo que proporciona essa construção da identidade social na vida dos protagonistas é o trabalho, uma vez que continua a ocupar um lugar central na produção da riqueza, na construção da identidade dos indivíduos e no delineamento das condutas coletivas. Tais questões são também defendidas por Bauman (2005) quando ele ressalta a não solidez e o não pertencer da identidade pela vida toda, pois as relações são negociáveis e o livre arbítrio também está envolvido nesse processo:

> [...] a 'identidade' só nos é revelada como algo a ser inventado, e não descoberto; como alvo de um esforço, 'um objetivo'; como uma coisa que ainda se precisa construir a partir do zero ou escolher entre alternativas e então lutar por ela e protegê-la, lutando ainda mais, mesmo que, para que essa luta seja vitoriosa, a verdade sobre a condição precária e eternamente inconclusa da identidade deva ser, e tenda a ser, suprimida e laboriosamente oculta. (BAUMAN, 2005, p. 21-22)

É, em busca da invenção de si mesmos, que Heathcliff e Paulo Honório constroem suas existências. Por meio de planos bem traçados, com motivações distintas, adquirindo suas devidas propriedades, através de jogos de azar. O espírito materialista é algo partilhado por ambos no que concerne ao desejo de um filho-herdeiro. Heathcliff, na verdade, não planejava casar com Isabela Linton e ter filhos, embora — ao contrário de Paulo Honório que se casa para gerar um filho e deixar a propriedade como herança — faça da propriedade conquistada seu plano de vingança e segundo grande objetivo de vida, uma vez que o primeiro — o amor pela irmã adotiva, Catherine Earnshaw — é terrivelmente frustrado pelas condições sociais e históricas.

Sendo assim,

> [...] sob o pressuposto da propriedade privada positivamente suprassumida, o homem produz o homem, a si mesmo e ao outro homem; assim como [produz] o objeto, que é o acionamento (*Betätigung*) imediato da sua individualidade e ao mesmo tempo a sua própria existência para o outro homem, [para] a existência deste, e a existência deste para ele. Igualmente, tanto o material de trabalho quanto o homem, enquanto sujeito, são tanto resultado quanto ponto de partida do movimento (e no fato de eles terem de ser este *ponto de partida* reside, precisamente, a necessidade histórica da propriedade privada) Portanto, o caráter social é o caráter universal de todo o movimento; *assim como* a sociedade mesma produz o *homem* enquanto *homem*, assim ela é *produzida* por meio dele. (MARX, 2010b, p. 106)

O excerto acima, extraído do *Complemento ao Caderno* II dos Manuscritos Econômicos Filosóficos, que trata da propriedade privada explica o desejo desenfreado de aquisição das propriedades *Wuthering Heights* e *S. Bernardo*: tê-las equivale à aquisição de um título simbólico de nobreza, um salvo-conduto para a constituição de suas identidades e, consequentemente, a aceitação social.

Deixando o contexto inglês e, agora, aportando no Brasil, exatamente final do século XIX, encontra-se uma população mais rural que urbana, cujo ativo econômico — entre outros produtos agrícolas — é o café majoritariamente, que mais rendia receita ao país. Em 1925, São Paulo se tornou o maior exportador mundial de café. Embora o pequeno burguês buscasse uma mão de obra com um custo mínimo de produção, não era o que ocorria.

Como o processo de industrialização no país ainda era tímido, a força de trabalho demandava um custo alto de produção, por isso os cafeicultores mantinham um relacionamento pautado pela repressão aos empregados.

A sociedade era quase totalmente iletrada, em torno de quase 80% de analfabetos. Do ponto de vista social, um grande número de excluídos migrava para a cidade de São Paulo para disputar os poucos postos de emprego existentes, enquanto a pobreza generalizada aprofundava esse enorme processo de exclusão.

Não existia justiça eleitoral até 1932, por isso o mesmo poder que se candidatava era também o que gerenciava sua própria renovação: legislativo e executivo. Como não havia um terceiro poder que inibisse fraudes, os resultados eram duvidosos. Para votar, era necessário que o cidadão brasileiro fosse escolarizado, segundo a Constituição de 1891, em vigor nesse período. Logo, somente 20% da população votava.

Ao contrário da Europa, os movimentos populares ocorridos no final do século XIX e início do XX eram inexpressivas agitações superficiais. Sequer se assemelhavam aos que estavam acontecendo na Inglaterra, a saber, de caráter nacionalista e popular. Coutinho frisa uma informação que é oportunamente distintiva no contexto brasileiro:

> Aqui, a *burguesia se ligou às antigas classes dominantes* [grifo nosso], operou no interior da economia retrógrada e fragmentada. Quando as transformações políticas se tornavam necessárias, elas eram feitas "pelo alto", através de conciliações e concessões mútuas, sem que o povo participasse das decisões e impusesse organicamente a sua vontade coletiva. Em suma, *o capitalismo brasileiro, ao invés de promover uma transformação social e revolucionária* — o que implicaria, pelo menos momentaneamente, na criação de um "grande mundo" democrático —, *contribuiu, em muitos casos, para acentuar o isolamento e a solidão, a restrição dos homens ao pequeno mundo de uma mesquinha vida privada* [grifo nosso]. (COUTINHO, 1990, p. 120)

Em virtude dessa forma como o capitalismo adentrou no contexto brasileiro, Graciliano imprimiu sua inquietação e seu inconformismo perante a perpetuação de uma sociedade estagnada abaixo dos trópicos. Inspirado pelos ideais socialistas utópicos europeus, revelou contradições internas e limitações da velha sociedade semicolonial brasileira. Para tanto, Graciliano incorporou em seu projeto literário um confronto existente entre o campo e a cidade no mundo literário em seus quatro primeiros romances1, quando havia pouca menção sobre isso entre outros autores brasileiros.

Lafetá (1987) explica que, na primeira fase do Modernismo, não existia consciência da possibilidade de uma revolução proletária, até porque o Brasil era um país recém-saído da escravidão, embora estivesse recebendo um fluxo intenso de imigrantes. Nos anos 1920, a linguagem é o foco das discussões. No mundo, a década de 1930 é marcada pelas intensas lutas ideológicas, período em que o Modernismo alcança maturidade e equilíbrio.

As primeiras e segundas gerações compõem uma unidade tensa. Lafetá (1987) diferencia claramente na história do Modernismo um projeto estético e outro ideológico. Diz ele que o estético contém o ideológico, havendo uma complementaridade. Porém os pontos de atrito bem como os de tensão não podem ser esquecidos. É diante desses problemas abertos por essa tendência literária que Graciliano publica a obra em estudo. Não por acaso a escrita é centralizada no romance, já que figura como intenção de Paulo Honório materializar a própria história. Assim, o leitor se depara com uma luta do narrador para superar o caráter fugidio da singularidade.

Assassino nos anos 1930, Paulo Honório é um coronel igual a outros tantos e não deixará de sê-lo. Para ele, a maior dificuldade da escrita consiste em tornar universal uma história de coronel semelhante a tantas outras. É por esse motivo que ele depura, burila: para superar o empírico e a abstração conceitual. Afinal, ele está configurando a si mesmo. Criado por uma negra doceira, foi guia de cego e vendia cocadas durante a infância para conseguir algum dinheiro. Depois começou a trabalhar duro na roça até os dezoito. Meteu-se em uma confusão e esfaqueou João Fagundes,

---

[1] Caetés, publicado em 1933; S. Bernardo, publicado em 1934; Angústia, publicado em 1936; Vidas Secas, publicado em 1938.

após este homem se envolver com a mulher com quem Paulo Honório teve sua primeira relação sexual. Ficou detido por três anos, 9 meses e 15 dias e, durante esse período, aprendeu a ler com o sapateiro Joaquim. Desse momento em diante, ele passou somente a pensar em juntar dinheiro.

> Se tentasse contar-lhes a minha meninice, precisava mentir. Julgo que *rolei por aí à toa*. [Grifo nosso] Lembro-me de um cego que me puxava as orelhas e da velha Margarida, que vendia doces. O cego desapareceu. A velha Margarida mora aqui em S. Bernardo, numa casinha limpa, e ninguém a incomoda. Custa-me dez mil-réis por semana, quantia suficiente para compensar o bocado que me deu. Tem um século, e qualquer dia destes compro-lhe mortalha e mando enterrá-la perto do altar-mor da capela. Até os dezoito anos gastei muita enxada ganhando cinco tostões por doze horas de serviço. Aí pratiquei o meu primeiro ato digno de referência. Numa sentinela, que acabou em furdunço, abrequei a Germana, cabritinha sarará danadamente assanhada, e arrochei-lhe um beliscão retorcido na popa da bunda. Ela ficou-se mijando de gosto. Depois botou os quartos de banda e enxeriu-se com o João Fagundes, um que mudou o nome para furtar cavalos. O resultado foi eu arrumar uns cocorotes na Germana e esfaquear João Fagundes. (RAMOS, 2009, p. 16)

De ex-detento a latifundiário, esse homem conhece as agruras da vida, mas se torna um opressor. Se, em um momento de sua existência, foi empregado, em outro, aparece como proprietário da fazenda *São Bernardo*, transitando pelos diferentes padrões sociais, o que trará implicações em suas relações com os seus amigos, com seus empregados, com sua esposa e até consigo mesmo nessa narrativa tão agrestemente realista.

> A composição do romance realista tem como fundamento o movimento do herói problemático que vai da ascensão (decorrente da esperança de triunfar na luta contra o mundo) ao desfecho desta luta (pela derrota, ou — em casos muito raros — pela relativa vitória). (Coutinho, 1990, p. 125)

Ainda detalhando que esse movimento tanto torna possível o desenvolvimento épico da ação quanto colabora para o fechamento da forma, quando ocorre a resolução dos problemas.

Diferente do subjetivismo de Brontë, o conceito de realismo como um modelo de narrativa evidencia as possibilidades históricas reais. O romance de Graciliano considera a arte como algo verossímil, vinculada ao mundo real, a ele dialeticamente ligada. Sendo assim, a dialética da arte reside no fato de que ela representa tanto os limites estruturais do mundo objetivo quanto as possibilidades de sua superação.

Sob a ótica de Lukács, o enredo é realista, se representar essas possibilidades, ainda que em forma de possibilidades extremas, haja vista que o realismo é uma orientação para o futuro, em que poderão se efetivar as possibilidades extremas. Certamente por isso, as dificuldades que Paulo Honório relata sobre a escrita literária pautam-se pelo fato de, necessariamente, ir para além da narrativa episódica, a fim de atingir o universal, sem apagar o singular; revelar a essência sem renegar a aparência. Isso ocorre porque

> [...] a universalidade de Graciliano é uma universalidade concreta, que se alimenta e vive da singularidade, da temporalidade social e histórica. O que lhe interessa não é a exemplificação, através da literatura, de teses e concepções apriorísticas; é a narração do destino de homens concretos, socialmente determinados, vivendo em uma realidade concreta. Por isso, pôde ele descobrir e criar verdadeiros tipos humanos, diversos tanto da média cotidiana como da caricatura abstrata. (COUTINHO, 1990, p. 117)

Paulo Honório é versado em conhecimentos práticos, tais como estatística, pecuária, agricultura, escrituração mercantil — áreas que se diferenciam das artes. Dar relevo a isso, ao mesmo tempo em que destaca a divisão do trabalho, é uma forma de lembrar as condições atrasadas da economia brasileira. Com isso, percebe-se o comprometimento da literatura com a luta pela vida. Não é só pela referência à divisão de trabalho que o leitor percebe a escrita de *S. Bernardo* intrinsecamente ligada à vida econômica: as escolhas estilísticas — reais ou fingidas — pretendem ser forças produtivas.

Por exemplo, quando Paulo Honório se pergunta, já depois de ver frustrado o seu plano inicial, para que escreve e responde "sei lá", a questão é tangenciada. Entretanto o leitor acaba participando da formulação dessa resposta. As conversas e desconversas não são falsas: revelam o que escondem. Ele já não escreve para ser importante. A literatura já não é um elemento de prestígio social.

O personagem catalisador destruiu a tudo e a todos, inclusive a si próprio. É quando então ele se volta outra vez para a literatura. Os problemas literários, como os vivenciados por ele, evidenciam as questões sobre a representação literária no Brasil dos anos 1930. O personagem-escritor experimenta, a seu modo e dentro dos seus limites, esses problemas. Em outras palavras, os problemas são vividos, não como problemas estritamente literários, mas como problemas de sua vida. Paulo Honório não somente quer contar a sua história, como também quer encontrar o sentido dessa história que, sendo a da sua vida, é também a da vida de todos os outros personagens, é a situação histórica do Nordeste brasileiro e, por extensão, do país, por isso as questões literárias são também questões histórico-sociais e estas são questões literárias. A figura do personagem-escritor e a do fazendeiro empreendedor e modernizador se fundem de modo admirável no romance. E isso é possível porque sempre foi conferido um papel "modernizador" à literatura no Brasil, de modo contraditório.

Tomar posse de *S. Bernardo* fez desse coronel assassino o objeto da narrativa constituindo sua identidade social. Para isso, ele não mediu distância para eliminar coisas e pessoas. Até chegar a ser quem é, precisa se distinguir dos outros coronéis iguais a ele, inclusive, até certo ponto, dele próprio.

Adorno (2003, p. 62), ao falar do narrador no romance contemporâneo, destaca: "O sujeito poético, que se emancipa das convenções da representação objetiva, confessa ao mesmo tempo a própria impotência, a prepotência do mundo reificado que volta a apresentar-se no meio do monólogo."

Lançando um olhar mais arguto sobre o romance, o recurso do monólogo interior ajuda a compor o narrador, que busca achar sentido; que busca um encontro consigo e com a solidão; que busca saber o que é São Bernardo nessa tentativa de (re)construção de si mesmo, embora seja incapaz de se reinventar. O leitor de *S. Bernardo* não confundirá, por exemplo, a voz do personagem que é preso por ter esfaqueado o Fagundes com a voz do Paulo Honório que se lamenta por não ter entendido Madalena. É o mesmo homem problemático, em uma narrativa igualmente problemática, derrotado pela reificação.

> Coloquei-me acima da minha classe, creio que me elevei bastante. Como lhes disse, fui guia de cego, vendedor de doce e trabalhador alugado. Estou convencido de que nenhum desses ofícios me daria recursos intelectuais necessários para engendrar esta narrativa. [...] Considerando, porém, que os enfeites do meu espírito se reduzem a farrapos de conhecimentos apanhados sem escolha e mal cosidos, devo confessar que a superioridade que me envaidece é bem mesquinha. (RAMOS, 2009, p. 218)

Esse homem burguês continua a se caracterizar pelo domínio de classe. Entretanto esse domínio não garante estabilidade, pois a sociedade que segue a lógica do capital se revolucionariza incessantemente. Talvez esse tenha sido seu maior erro: não estar sensível às mudanças e tampouco adaptar-se a elas.

Na vida, Paulo Honório forja sua identidade social, com a aquisição da propriedade; no livro, ele busca encontrar redenção. Olhando para o passado, rememora que, sob suas ordens, Casimiro Lopes mata Mendonça. Com isso resolve-se um problema de demarcação de terras, mas também um problema de caracterização: eliminando Mendonça, Paulo Honório se sobrepõe, pela violência, à infinidade dos outros coronéis. Habilita-se a ser o catalizador das ações que deveriam ser transformadoras. O fato dessas ações não terem resultado em nenhuma transformação efetiva coloca um problema a mais. Esfaquear Fagundes é uma ação relativamente banal, a despeito de sua violência. Difere de mandar matar Mendonça. No momento em que Casimiro Lopes mata Mendonça, Paulo Honório está exercendo o seu poder, corrompendo o representante da Igreja, o Padre Silvestre, comprometendo-se a construir uma igreja na fazenda. Tem um álibi, mas todos sabem do seu envolvimento com o assassinato. É uma violência institucionalizada, consentida, tornada marca do personagem e também da sociedade.

O signo da violência imola a narrativa com sangue em boa parte dos romances e contos ambientados no universo agrário brasileiro. Certamente, por ser um espaço geográfico afastado dos grandes centros brasileiros, consequentemente onde as tradições são mais fortes; onde o tempo parece ser alheio às vontades; onde se asfixiam as novas gerações com rigidez moral, perpetuando estruturas sociais análogas ao período medievo.

Como não se lembrar do lirismo narrativo de Raduan Nassar, em Lavoura Arcaica nas falas do personagem André, que nutre um amor incestuoso — recíproco — pela irmã Ana, em um núcleo familiar de tradição libanesa, em confronto com a austeridade do pai? É uma narrativa fadada à aparição assombrosa de uma tragédia: o filicídio, consumado pelo pai contra Ana, para pôr fim à paixão que consome a alma dos amantes, à desordem, restando apenas o choro da mãe, traduzido pelo "lamento milenar que corre ainda hoje a costa pobre do Mediterrâneo: tinha cal, tinha sal, tinha naquele verbo áspero a dor arenosa do deserto". (NASSAR, 1989, p. 212).

Outra obra, *Menina a caminho*, do mesmo autor, dá protagonismo a uma menina que é forçada a deixar a ingenuidade para trás. O tempo do conto registra o momento dessa transição, que vai acontecendo, conforme atravessa a cidade. É nesse caráter instantâneo, nesse "por enquanto", rodeado de episódios violentos — em suas múltiplas formas — e gradativos na interação entre as pessoas, que o enredo se constrói. A testemunha silenciosa da peregrinação dessa menina é o retrato de Getúlio Vargas, pendurado na barbearia. Em seguida, uma voz masculina que ovaciona a imagem: "Getúlio é nosso pai." (NASSAR, 1994, p. 61). Não só há um dado temporal nessa fala, como também um traço de violência patriarcal que, pouco depois, acontecerá: a mãe é açoitada pelo pai da menina. Ela não vê, mas ouve tudo que se passa, segurando o irmão pequeno no colo cuja cabeça está "tão caída que nem fosse a cabeça de um enforcado". (NASSAR, 1994, 64) Todas as imagens poéticas remetem à violência até que o final se contrapõe ao universo até então violento: o conto termina com a menina descobrindo a sexualidade, de forma natural e, em seguida, saindo para brincar com as vizinhas: "Acocora-se sobre o espelho como se sentasse num penico, a calcinha numa das mãos, e vê, sem compreender, o seu sexo emoldurado. Acaricia-o demoradamente com a ponta do dedo, os olhos sempre cheios de espanto." (NASSAR, 1994, p.66).

Evidente em *S. Bernardo*, em *Lavoura Arcaica* e em *Menina a Caminho*, a violência patriarcal é, ao mesmo tempo, da família e do estado.

Coronel sem tradição, o que, de certa forma, quebra a lógica da herança patriarcal, Paulo Honório não tem ascendente. Não tem pai nem mãe conhecidos. Trabalhou no eito da fazenda *São Bernardo*, propriedade decadente que ele quer revigorar. Para isso, pretende ser o iniciador de uma nova linhagem. À semelhança de Fausto, o capital imprime nele uma falsa ideia de soberania e controle para, mais adiante, cobrar essa dívida de ascensão — no caso de Paulo Honório, construída com assassinato e violência —, sendo também o veículo da queda. Assim como o mercado oscila e quebra, os projetos do fazendeiro também oscilam e fracassam. A crise mundial é Mefistófeles, voltando implacável para cobrar a dívida, levando como pagamento todo o seu projeto pessoal.

A violência é mais do que um mero traço do caráter de Paulo Honório. É pela violência que ele se torna Paulo Honório, eliminando obstáculos materiais ou humanos, eliminando os outros seres em que ele poderia se tornar - o descendente da velha Margarida, o bom almocreve, por exemplo.

Ele traça o seu destino, ou julga fazê-lo — apossar-se de S. Bernardo, modernizar a fazenda e a vida econômica local, ser o fundador de uma nova geração, fabricar o seu filho e herdeiro, preservando, porém, as mesmas formas arcaicas de exploração do trabalhador do campo e de relações humanas e amorosas. Para tanto, põe em ação um verdadeiro exército de colaboradores e cúmplices — professora, padres, juízes, advogados, jornalistas etc. Os conflitos que surgem entre eles não desfazem a cumplicidade, devem ser entendidos como partes naturais dela.

Antonio Candido (2016) diz que a força de *S. Bernardo* parece provir da unidade violenta que o autor lhe imprimiu. E ele acrescenta que os personagens e as coisas surgem nele como meras modalidades do narrador, ante cuja personalidade dominadora se amesquinham, frágeis e distantes. Mas Paulo Honório, por sua vez, é modalidade de uma força muito maior que ele: o sentimento de propriedade. Ao mesmo tempo em que o transcende, é em função desse sentimento que ele vive. À semelhança de Heathcliff, ele segue em uma semivida, sem Madalena, sem os amigos, enfrentando a crise, não mais um homem e sim apenas uma propriedade personificada em um ser humano que encerra a jornada em um delírio:

> É horrível! Se aparecesse alguém... Estão todos dormindo. Se ao menos a criança chorasse... Nem sequer tenho a amizade do meu filho. Que miséria! [...] E eu vou ficar aqui, às escuras, até não sei que hora, até que, morto de fadiga, encoste a cabeça à mesa e descanse uns minutos. (RAMOS, 2009, p. 221).

CAPÍTULO 3

SUBMISSÃO E SUBVERSÃO NOS PAPÉIS FEMININOS: RESSONÂNCIAS LITERÁRIAS

> [...] a consciência que a mulher adquire de si mesma não é definida unicamente pela sexualidade. Ela [*a mulher*] reflete uma situação que depende da estrutura econômica da sociedade, estrutura que traduz o grau de evolução técnica a que chegou a humanidade. (BEAUVOIR, 2016, p. 83)

Tratar sobre submissão e subversão no universo feminino é como pedir para Pandora abrir sua caixa com ajuda de Lilith: serão encontradas muitas antinomias, paradoxos, relações reificadas, principalmente se a discussão partir da propriedade privada, que introduziu consigo o direito paterno em substituição ao materno, enclausurando a mulher em um modelo patriarcal de família.

A propriedade privada mudou decisivamente a lógica da divisão do trabalho no mundo capitalista. Espoliada de direitos e ilhada pelo marido do convívio social, a mulher foi transformada em um bem de consumo, sobre qual o casamento imprimiu tanto um caráter fetichista quanto a oportunidade de existir socialmente. Na construção de uma identidade social, a propriedade está para homem, assim como o casamento está para a mulher.

Em sua obra de caráter autobiográfico, *O papel de parede amarelo*, Charlotte Gilman mostra a estreiteza da vida privada com o consequente achatamento da narradora, que relata tudo em seu diário ao qual o leitor tem acesso em forma de conto. Utilizando frases picadas e curtas, os breves parágrafos apresentam uma mulher fragilizada mentalmente que é levada pelo marido, o querido John, um médico, para viver por três meses em uma casa de campo com a finalidade de se tratar desse mal. O confinamento faz com que ela só piore. Levada a um especialista, o Dr. Weir Mitchell[1], ela é submetida a um tratamento que ele desenvolve com pacientes que sofrem crises nervosas: *a cura do repouso*, também conhecida por *descanso em cama*. Esse tratamento foi criado para curar uma epidemia inexplicável que acometia as mulheres ainda no final do século XVIII, fazendo-as se recusar a jantar com o marido, exigir direito de voto, entre outras queixas. Assim, o neurologista apresentou essa alternativa para tratar a histeria feminina coletiva, cujo procedimento obrigava as mulheres a ficar por 60 dias sem falar, ler, desenhar ou qualquer outra atividade que pudesse estimular suas mentes. No conto, ele receita que ela passe pouco tempo com o filho; que permaneça deitada; que fique longe da escrita, única coisa que ainda lhe dá alívio.

Incluída nesse cosmos opressivo e desolador, excluída da vida pública e entregue ao sofrimento psíquico, a narradora apresenta seu "espaço de cura" *determinado pelo marido*, que sempre escolhe o que é melhor para ela não sem acrescentar em um momento da narrativa que está ali por sua causa. Infantilizada e mostrada como frágil e doente, não por acaso o quarto escolhido para ela era de crianças:

> Nunca vi tanta destruição quanto a que as crianças provocaram aqui. O papel de parede, como já disse, foi arrancado em vários pontos, mesmo a cola sendo forte — além do ódio, elas devem ter tido muita perseverança. O piso, por sua vez, está cheio de riscos, sulcos e farpas, o próprio reboco foi arrancado aqui e ali, e a cama enorme e pesada, que foi tudo que encontramos no quarto, parece uma sobrevivente de guerra. (GILMAN, 2018, p. 25)

[1] Considerado o pai da neurologia, o Dr. Weir Mitchell era médico de Charlotte e da escritora Virgínia Woolf. Esta última escreveu uma sátira a esse tratamento e publicou na novela Mrs. Dalloway.

O sentido do quarto e de cada elemento nele nomeado se reveste de um sentido polissêmico da luta feminina pela conquista de direitos e contra opressão que acompanha a condição feminina: o papel arrancado, a cola forte, o chão com traços de lutas e a cama enorme e pesada remete a um campo de guerra do qual a mulher é uma sobrevivente.

Sendo o quarto a parte mais íntima de uma casa, ou seja, a um ambiente da vida privada, o conto mostra que a discussão, o debate sobre essas questões de gênero, é recalcada pela figura masculina. "Fico aqui deitada nesta imensa cama que não se mexe — acho que está pregada — e passo horas seguindo o padrão." (GILMAN, p. 2018, p. 31). Isso lembra o "Caso do Vestido", de Drummond, quando a personagem, cativa em seu lar, aguarda pela volta do marido e, aos poucos, vai delirando, ficando louca, enquanto o tempo só avança. Esse recalque fica bem evidente sempre que a narradora tentar sair do quarto e manifesta ao marido o desejo de ter algum tipo de socialização que lhe faria bem. Contudo o marido diz que ela não pode, pois vai fazer mal e comprometerá o tratamento. As decisões do marido não são contestadas, pois ele é médico, logo inquestionável.

O papel de parede amarelo com quem a narradora demonstra implicância — que chega a ser cômica em algumas passagens — é uma alegoria e, em várias partes do relato, faz com que ela experimente emoções diversas. O medo é uma delas. Mesmo assim, ela decide observar o padrão. As várias vezes em que ela menciona o papel, destaca os padrões nas formas geométricas estampadas nele que ela decide estudar. Essa repetição no discurso da narradora dá uma impressão de *loop*. Ela avança, mas logo volta ao seu cativeiro. O padrão transforma-se em eco repetido não só em seus registros pessoais como historicamente. É um mantra insuportável que induz e formata comportamentos femininos através de discursos patriarcais legalizados por uma base jurídica. Segundo Benjamin (1986), o direito institucionalizado é, essencialmente, mítico, pois constitui a vontade de permanência dos vitoriosos no poder.

Butler discute sobre a problemática desse processo legalizador das questões de gênero nas sociedades. Para ela,

> A autojustificação de uma lei repressiva ou subordinadora quase sempre se baseia no histórico de como eram as coisas antes do advento da lei, e de como se deu seu surgimento em sua forma presente e necessária. A fabricação dessas origens tende a descrever um estado de coisas anterior à lei, seguindo uma narração necessária e unilinear que culmina na constituição da lei e desse modo a justifica. A história das origens é, assim, uma tática astuciosa no interior de uma narrativa que, por apresentar um relato único e autorizado sobre um passado irrecuperável, faz a construção da lei parecer uma invisibilidade histórica. (BUTLER, 2016, p. 72)

Na passagem da sociedade pré-capitalista para a fase na qual as sociedades se localizam hoje, o mundo feudal vislumbrou o passado como uma narrativa pré-histórica, que serviu para legitimar o atual estado da lei, ao vislumbrar o futuro imaginário da lei. Esse *antes* que estabelece o novo regime esteve desde sempre imbuído das fabricações autojustificadoras dos interesses presentes e futuros. A postulação desse *antes* se torna politicamente problemática quando obriga o futuro a materializar uma noção de feminilidade original nostalgicamente idealizada de passado, pois "rejeita a demanda contemporânea de formular uma abordagem de gênero como uma construção cultural complexa" (BUTHLER, 2016, p. 73).

Embora existam esforços, ainda não foram localizados na história e na cultura momentos exatos ou estruturas que estabelecem hierarquia de gêneros. Na contemporaneidade, existe a produção de deslocamento crítico dos gestos universalizantes de opressão, à medida que surgem novas contestações da opressão.

No caso da tradição cultural, é oportuno lembrar uma tese benjaminiana da História, a saber, que não existe um documento de cultura que não seja um documento de barbárie. Especificamente a tese VII, que mostra "o cortejo de triunfo que conduz os dominantes de hoje por cima dos que, hoje, jazem por terra" (BENJAMIN, 1986, p. 89), de Walter Benjamin, compõe *As teses sobre o conceito de história*. Segundo ele,

> A presa, como sempre de costume, é conduzida no cortejo triunfante. Chamam-na bens culturais. Eles terão que contar, no materialismo histórico, com um observador distanciado, pois o que ele, com seu olhar, abarca como bens culturais atesta, sem exceção, uma proveniência que ele não pode considerar sem horror. Sua existência não se deve somente ao esforço dos grandes gênios, seus criadores, mas também à corvéia sem nome de seus contemporâneos. Nunca há um documento da cultura que não seja, ao mesmo tempo, um documento da barbárie (BENJAMIN, 1986, p. 70)

Observe-se que, oprimida, a narradora alivia seus dramas pessoais, lançando luz sobre eles, contudo comenta um fenômeno coletivo à medida que parte do ambiente privado, particular, para sinalizar uma luta coletiva. É a escrita que potencializa um triunfo artístico, já que ela sofre aniquilação em seu espaço de cura tão dialeticamente insalubre. Não por acaso, quando foi publicado esse conto, a crítica o recebeu como uma história de horror regada pela morbidez e solidão bem ao estilo de Poe, negligenciando as implicações dessa narrativa nas relações homem-mulher no século XIX até que o recrudescimento do movimento feminista lançou um olhar diferente: ressaltou que essa unidade dramática representava uma visão mais macro de mundo, tanto dos homens sobre as mulheres, quanto das mulheres sobre si mesmas. Não é de espantar que a histeria, a loucura e o suicídio adquiram grande dimensão nas obras do século XIX.

No enredo, a narradora enxerga uma pobre mulher que começa a rastejar e a sacudir o padrão do papel de parede; depois, várias. "Assim que elas conseguem atravessar, o padrão as estrangula e as vira de cabeça para baixo, e faz com que seus olhos fiquem brancos!" (GILMAN, 2018, p. 56), pois o padrão é asfixiante e coleciona cabeças naquela cor que é bastante medonha, duvidosa e torturante.

É nesse registro artístico que se encontra a barbárie de uma tradição cultural postulada juridicamente. Paradoxalmente, de um lado está a cultura como testemunho da barbárie que subjaz à sua produção, do outro, a cultura como manancial de tenacidade e astúcia, de humor, de resistência e de questionamento da continuidade de dominação, quando confronta a tradição no seio dessa luta de classes perpetuada no tempo.

> A luta de classes, que um historiador escolado em Marx tem sempre diante dos olhos, é uma luta pelas coisas brutas e materiais, sem as quais não há coisas finas e espirituais. Apesar disso, estas últimas estão presentes na luta de classes de outra maneira que a da representação de uma presa que toca ao vencedor. Elas estão vivas nessa luta como confiança, como coragem, como humor, como astúcia, como tenacidade e retroagem ao fundo longínquo do tempo. Elas porão incessantemente em questão cada vitória que couber aos dominantes (BENJAMIN, 1986, p. 58)

Para pensar a relação do presente ao passado, em particular do presente em relação à cultura que lhe foi transmitida pelo passado, Benjamin desconstrói o conceito trivial de *atualidade*. Trata-se de um conceito de presentificação (*Vergegenwärtigung*). Em vez de ressaltar as *diferenças* entre passado e presente, diferenças estas que permitiriam colocar em questão o narcisismo epistemológico do presente, esses valores ditos sempre atuais são designados como valores eternos que fortalecem as certezas da cultura dominante.

Há um momento do conto no qual o papel penetra os cabelos da narradora, funcionando como um marco poético para o início de uma transformação interna. Como o ato de levantar a cabeça pode render uma decapitação, uma castração, a mulher que rasga e sai do papel de parede o faz rastejando. Ela recebe ajuda da narradora. Enquanto todo esse processo ocorre, a paciente — alternando vertigens e momentos de descoberta — tem ideações suicidas: pensa em por fogo na casa, em saltar da janela, em se enforcar.

Quando arranca o papel "terrivelmente grudado, e o padrão adora isso" (GILMAN, 2018, p. 66), ela percebe: "Todas aquelas cabeças estranguladas e olhos bulbosos e fungos bamboleantes zombam de mim!" (GILMAN, 2018, p. 66), momento no qual a narradora pensa em se jogar da janela em exercício admirável, já que as próprias mulheres decapitadas manifestam desaprovação dessa ruptura com deboche. Não há coletividade nessa luta, por isso ela enlouquece e, no último dia na casa, tranca-se no quarto até o marido chegar, conseguir abrir a porta e desmaiar ao vê-la rastejar. Desmaiado, ela rasteja sobre o corpo dele e sai.

Os problemas enfrentados pela narradora do conto ocorrem nos universos dos romances Wuthering Heights e S. Bernardo. Ela é elas: Catherine Earnshaw que se tornou Catherine Linton; Isabela Linton que se torna Isabela Heathcliff; Catherine Linton (Filha de Edgar Linton) que se torna Catherine Earnshaw e, com a volta desse sobrenome, reinicia um círculo vicioso histórico, a saber, a manutenção das estruturas de parentesco. Ela é Madalena. É notadamente importante observar que a personagem Madalena não é mencionada com o sobrenome do marido, já que ela tem certa liberdade e autonomia, tendo se constituído como sujeito. Sobre ela, os amigos de Paulo Honório possuem uma imagem de herege, por não seguir à risca o costume — predominantemente — feminino: ir à igreja; por discutir política; por questionar as atitudes do marido para com o grupo de trabalhadores da fazenda.

O discurso estruturalista tende a se referir à Lei — assim mesmo no singular —, seguindo o argumento de Lévi-Strauss de que existe uma estrutura universal da troca reguladora que caracteriza todos os sistemas de parentesco. (BUTLER, 2016). Segundo as estruturas elementares de parentesco, as mulheres são o objeto da troca que consolida e diferencia as relações de parentesco, sendo ofertadas como dote de um clã patrilinear para outro, por meio da instituição do casamento. A ponte é o dote que funciona como objeto de troca, constituindo um signo e um valor,

> o qual abre um canal de intercâmbio que atende não só ao objetivo *funcional* de facilitar o comércio, mas realiza o propósito *simbólico* ou *ritualístico* de consolidar os laços internos, a identidade coletiva de cada clã diferenciado por esse ato. (BUTLER, 2016, 77).

Nesse caso, *noiva* funciona como termo relacional entre grupos de homens; ela não tem uma identidade, e tampouco permuta uma identidade por outra. Ela reflete a identidade masculina, precisamente por ser o lugar de ausência. Os membros do clã, invariavelmente masculino, evocam a prerrogativa de identidade por via do casamento, um ato repetido de diferenciação simbólica. Patronimicamente, a exogamia distingue e vincula tipos específicos de homens.

> A patrilinearidade é garantida pela expulsão ritualística das mulheres e, reciprocamente, pela importação ritualística de mulheres. Na condição de esposas, as mulheres não só asseguram a reprodução do *nome* (objetivo *funcional*), mas também viabilizam o intercurso simbólico entre clãs de homens. No matrimônio, a mulher não se qualifica como uma identidade, mas somente como um termo relacional que distingue e vincula os vários clãs a uma identidade patrilinear comum, mas internamente diferenciada. (BUTLER, 2016, p. 77-78)

Essa lógica universal patrilinear, no período medieval, ganha da igreja cristã um caráter de sacralidade, quando ao casamento são atribuídas as regras centrais da conjugalidade: a monogamia, a indissolubilidade e a união heterossexual. Nesse contrato sagrado, o erotismo ficava restrito às paredes do casamento, estando voltado à reprodução. A luxúria, pior dos pecados, tornou-se uma poderosa doença — estava inaugurada a era de controle dos corpos e a caça às bruxas.

Durante o século XIX e os anos iniciais do século XX, o amor doentio foi considerado a causa de inúmeras doenças de caráter venéreo ou não. A retomada da moral, elaborada por Santo Agostinho no período moderno, aconteceu sob uma perspectiva médica. Para essa medicina, moralista e normativa, o amor feliz do matrimônio não era movido por desejos carnais. Obviamente, o homem podia resolver suas pulsões sexuais com a prostituta. Em consequência disso, o adultério surge como resposta aos ditames da monogamia, cuja liberdade sexual era concedida ao homem enquanto oprimia a mulher.

Sobre a monogamia, Engels enfatiza que não é:

> uma reconciliação entre homem e mulher e, menos ainda, como a forma mais elevada de matrimônio. Pelo contrário, ela surge sob a forma de escravização de um sexo pelo outro, como a proclamação de um conflito ignora entre os sexos [...]. (ENGELS, 2018, p. 79)

Tanto ele quanto Marx reforçam a existência do antagonismo de classes, a partir do antagonismo entre o homem e a mulher na monogamia, com a opressão de um sexo pelo outro.

A novidade é que, no século XIX, a sociedade capitalista passa a ter uma "relativa" liberdade na escolha do cônjuge. Relativa porque, muito embora os casamentos consentidos entre as partes e não mais pelos acordos entre os pais fossem possíveis, isso só aconteceria entre proletários. Já entre as famílias tradicionais burguesas, os casamentos arranjados pelos pais permaneceram.

Para o homem, o casamento é um modo de vida; para a mulher, um *destino*, por isso "[...] a jovem que procura um marido não atende a um apelo masculino: provoca-o." (BEAUVOIR, 2016, p. 191). Sendo firmado o acordo, ela recebe seu passaporte para a coletividade. Por causa disso muitas jovens casavam: para serem livres, já que essa instituição se mostra uma carreira mais vantajosa que outras, pois as condições da vida moderna eram mais instáveis e incertas.

Simone de Beauvoir já vislumbrava uma saída, observando a presença da indústria moderna:

> A igualdade só se poderá reestabelecer quando os dois sexos tiverem direitos juridicamente iguais, mas essa libertação exige a entrada

> de todo o sexo feminino na atividade pública. A mulher só se emancipará quando puder participar em grande medida social na produção, e não for mais solicitada pelo trabalho doméstico senão numa medida insignificante. (BEAUVOIR, 2016, p. 85)

Enquanto as mulheres ainda não ocupavam os espaços públicos, a monogamia trouxe consigo o problema do adultério. O discurso jurídico considerava o adultério masculino um deslize aceitável, pois os filhos ilegítimos não traziam desonra ao pai. No que tange ao adultério feminino, as implicações seriam mais graves, pois, a mulher adúltera introduzia a prole ilegítima no seio do casamento e trazia desonra ao marido.

Força desagregadora e destruidora, revestida de uma conotação para cada sexo, era crime contra a segurança do estado civil e doméstico, conforme o Código Francês e "previa detenção de 1 a 3 anos" (KOSOVSKI, 1997, p. 32). Se presa em flagrante, a mulher seria punida e apenada em três anos; no caso do homem, somente seria punido se ficasse comprovado que ele sustentava a amante, uma vez que ele desviaria o dinheiro de sua família, constituída legalmente, para uma outra bastarda. Como a mulher comprovaria isso juridicamente se o homem era o provedor? Obviamente, para ela, funcionava como um mecanismo de controle; para ele, a lei dificultava sua punição, tendo em vista que

> [...] o Código Civil considerava o sustento da família uma das obrigações principais do marido e, sob esse prisma, pode-se que considerar que a traição masculina só constituía, para os juristas, uma ameaça verdadeira quando colocava em risco o sustento confortável da esposa legítima e dos filhos. (BORELLI, 2008, p. 04)

O legado literário imperecível de Balzac — através do qual Marx disse ter aprendido muito mais sobre a sociedade capitalista do que propriamente lendo os filósofos — conduz à discussão, entre outras tantas, sobre essa problemática das relações monogâmicas. Por sua vez, os românticos se encarregaram de proclamar o direito ao amor e cumpriram bem esse papel, à medida que apontaram em suas obras a necessidade de se integrar no casamento os sentimentos individuais que até então tinham sido excluídos dele.

A partir daí, a sociedade passa a usar uma expressão equivocada de "amor conjugal" como fruto milagroso surgido nos casamentos de conveniência tradicional, em oposição ao conceito de amor carnal.

Sobre isso, Balzac se posiciona em um ensaio, intitulado Fisiologia do Casamento, escrito em 1829, porém incluso em 1846 na Seção de Estudos Analíticos da obra *Comédia Humana*, o mais impressionante monumento literário do século XIX, pela capacidade de englobar os mais diferentes aspectos da sociedade francesa de seu tempo, analisando-os com grande acuidade. A *Comédia* é um documento histórico e sociológico valoroso que transfigurou a mentalidade de uma época em obra de arte. No ensaio, tece críticas à burguesia conservadora, diferenciando casamento e amor, reforçando que um não tem a ver com o outro. Com isso, desmascara o conservadorismo masculino que diz procurar ser amado, porém esconde nessa premissa que a real preocupação é: não ser enganado dentro desse contrato chamado casamento. Ele, assim, comenta:

> O casamento pode ser considerado política, civil e moralmente como uma lei, como um contrato, como uma instituição... O casamento deve, pois, ser o objeto do respeito geral. A sociedade só pôde considerar essas sumidades que para ela dominam a questão conjugal. Em sua maioria, os homens só têm em vista, no seu casamento, a reprodução, a propriedade do filho; mas nem a reprodução, nem a propriedade, nem o filho constituem felicidade. O *crescite et multiplicamini* não implica amor. Pedir a uma moça, que vimos 14 vezes em quinze dias, amor por determinação da lei, do rei e da justiça é um absurdo digno da maioria dos predestinados. (BALZAC, N/C, p. 22)

Crítico balzaquiano, Carpeaux conclui que os indivíduos só existem como membros de uma dessas classes e descreve o método utilizado por Balzac, a saber, que:

> observa os fatos sociais e julga-os conforme a sua ideologia. Esta também lhe fornece o esquema em que se enquadram suas observações: um universo social, fechado e estático, composto de classes mais ou menos rigidamente separadas. (CARPEAUX, 1978, p. 1569).

De fato, o universo balzaquiano é composto de classes sociais que ele analisa separadamente e, a partir das relações estabelecidas entre elas, mas não é um universo fechado. O processo de circulação social é enfatizado e minuciosamente estudado, com Balzac dedicando-se à análise da ascensão da burguesia e de sua transformação em classe dominante. Os indivíduos são estudados como tipos sociais, mas seus personagens possuem grandeza própria, que transcende essa tipificação sem invalidá-la. Dessa forma, ele transita do romantismo ao realismo, utilizando diferentes gêneros literários.

Voltando o olhar para o romance de Emily Brontë, não se encontra nele uma discussão sobre adultério. Essa temática é recorrente na literatura realista do século XIX. Embora se perceba afeição recíproca quando Heathcliff a visita depois de casada, o amor frustrado/sublimado entre Catherine e Heathcliff promove a manutenção dessa queixa romântica: o desejo de inclusão dos sentimentos individuais. Não há um contrato firmado entre as famílias, intermediado pelos pais. Catherine Earnshaw faz uma escolha, preterindo Heathcliff e aceitando o pedido de Linton. A explicação para Nelly Dean, a saber, que viver esse amor com o cigano faria deles dois seres sem posses — consequentemente sem identidades —, põe em evidência os efeitos da propriedade privada instituída. Por isso o destaque do excerto a seguir, contendo sinceras, intensas e brutais revelações de um sentimentalismo profundo e doloroso na fala de Catherine:

> Mas agora iria me degradar se me casasse com Heathcliff, de modo que ele nunca vai saber o quanto amo. [...] ele é mais eu mesma do que eu. Qualquer que seja a substância das almas, a minha e a dele são feitas da mesma coisa [...]". (BRONTË, 2016, p. 109)

A lógica do capital é soberana na composição dessa personagem que, durante a infância, é arredia, impulsiva, livre, porém, quando jovem se torna uma mulher domesticada por um sistema e todos os valores que ele imprime nos comportamentos e mentalidades.

Na obra de Graciliano, o casamento de Paulo Honório é parte de um *desejo*: "preparar um herdeiro para as terras de S. Bernardo" (RAMOS, 2009, p. 67). O problema para o fazendeiro consistia em saber que mulher gestaria seu projeto, pois não se sentia inclinado para nenhuma. Antes de sair à procura, ele decide "elaborar mentalmente" (RAMOS, 2009, p. 67), idealizando uma mulher morena, porém se percebe afeiçoado à mocinha loura, "precisamente o contrário da mulher que eu andava imaginando. [...] Miudinha, fraquinha." (RAMOS, 2009, p. 77). Essa adjetivação com diminutivo remete à fragilidade igualmente encontrada na mulher enferma do conto *O papel de parede amarelo*.

A afeição de Paulo Honório por Madalena é um indício de que está em curso uma tragédia anunciada, pois, dentro desse projeto de enriquecimento burguês, o casamento funciona pelas vias do amor conjugal. E para construir esse ponto de tensão no enredo, ele escolhe justamente um ser contrário a essa lógica.

A forma com que o fazendeiro propõe casamento é uma negociação com d. Glória, tia da jovem que está ausente no momento em que conversam. Ele pergunta qual a profissão de Madalena juntamente com a remuneração. Suas falas desacreditam o ofício pela moça escolhido: "Isso de ensinar bê-á-bá é tolice." [...] "Cento e oitenta mil-réis? Está aí! É uma desgraça, minha senhora. [...] Tenho empregados que nunca estudaram e são mais bem pagos." (RAMOS, 2009, p. 86) Assim, ele pergunta por que ela não abandona a profissão e sua tia justifica com a crise no país, mencionando a dificuldade de se arranjar emprego. Diante disso, ele sugere uma alternativa rentável: criar galinhas. Ao final do capítulo, ele reflete sobre o ato de produção na escrita, com a seleção das falas escolhidas para serem reveladas no romance, mediante edição. Sobre o diálogo com dona

Glória, ele conclui: "É o processo que adoto: extraio dos acontecimentos algumas parcelas: o resto é bagaço." Essa é a linguagem que ele conhece: do lucro. Tudo é calculado e está sob o seu controle. Ele não dialoga, mas negocia e, desse negócio, extrai parcelas.

Mais adiante, a narrativa colabora para compor Madalena: é uma mulher que leciona no Brasil, em uma época que 80% da população é analfabeta; que escreve artigos para o jornal — O Cruzeiro; que frequenta cinema. Diante do Brasil agrário e da pobreza, ela aceita se casar com o fazendeiro que, primeiro, convenceu a sua tia, mostrando o casamento como garantia de futuro. Ao dialogar com Madalena, ele a ouve dizer que não sente amor. "Ora essa! Se a senhora dissesse que sentia isso, eu não acreditava. E não gosto de gente que se apaixona e toma resoluções às cegas. Especialmente uma resolução como esta. Vamos marcar o dia." (RAMOS, 2009, p. 106).

Para se ter ideia do poder da cultura como arma e insígnia de poder, basta posicionar Madalena em comparação com a dócil personagem da novela de Dostoiévski. Ambas são pobres, porém só uma delas possui nome, formação e um ofício, Madalena. A outra, sequer possui nome e busca emprego desesperadamente. É necessário, porém, falar dos narradores anteriormente até porque as vozes dessas mulheres ganham "visibilidade" através daquilo que os narradores decidem contar.

Órfã, a criatura dócil, de 16 anos, até casar, aparece na novela sempre a procurar emprego para amenizar a pobreza caótica e conquistar a liberdade de morar sozinha, longe das tias abusivas. O penhorista é o narrador da história. Ele a conhece no seu estabelecimento comercial, quando ela passa a frequentar sua loja para vender objetos, visando levantar dinheiro para pagar os seus anúncios de emprego em um jornal. Rico, porém não milionário, acaba casando com ela, que se esforça para ser uma boa esposa. Ele, contudo, começa a se sentir superior a ela.

O penhorista desconfia que o amor que ela sente não seja verdadeiro. Já Paulo Honório tem a certeza. À semelhança do fazendeiro, o penhorista constrói uma visão sobre a esposa. Nesse ato de narrar o universo que é o outro, há uma visão distorcida, embaçada e limitada.

Outro traço comum a eles reside na forma como se apresentam às futuras esposas, guardando muitas semelhanças à forma como Mefistófeles se apresentou a Fausto: sondando desejos, prometendo algo que, até então, parecia inalcançável a um custo não revelado. Paulo Honório e o penhorista são homens acostumados a ter o controle da situação, porém não sabem lidar no campo dos sentimentos e admitem não terem habilidade com palavras, pois não são literatos.

"Não sei usar de frase altissonante", disse Mefistófeles ao Senhor. Deus o faz lançar um olhar sobre o Seu servo, Fausto; olhar que o penhorista lança sobre a dócil; olhar que Paulo Honório lança sobre Madalena.

Demônio mudo segundo Vieira, o olhar sempre foi considerado perigoso. Há nele uma mira e um alvo porque "a visão se faz em nós pelo fora e, simultaneamente, se faz de nós para fora" (CHAUÍ, 2000, p. 33), porque "olhar é, ao mesmo tempo, sair de si e trazer o mundo para dentro de si" (CHAUÍ, 2000, p. 33). Basta lembrar uma parte da lista extensa de personagens afetadas, ou como mira, ou como alvo, pelo olhar: Orfeu perdendo Eurídice; Narciso perdendo a si mesmo; a mulher de Ló que virou estátua de sal porque olhou para trás; Medusa, sendo forçada por Perseu a olhar-se; Ahab na mira de Moby Dyck momentos antes de ter sua perna decepada; Jó sob o olhar do diabo, sem os filhos, sem seus bens e sem sua saúde; a Morte saramagueana se apaixonando por um músico, após observar a sua humanidade, desistindo de levá-lo; os olhos oblíquos de Capitu, morena com olhos de ressaca; Mefistófeles olhando para Fausto. "[...] a visão se origina lá nas coisas, delas depende, nascendo do teatro do mundo, as janelas da alma são também espelhos do mundo" (CHAUÍ, 2000, p. 34).

Mefistófeles escolhe o momento em que Fausto, docente universitário, encontra-se em grave crise existencial. Assim, o jovem promete sua alma em troca de um instante de contentamento, enquanto é admirado. O penhorista surge no contexto de recessão que abate a Europa, admirando a dócil. Paulo Honório não perde a oportunidade surgida com a alta do desemprego, e, admirado com Madalena, propõe casamento. Assim, as personagens são miradas com espanto respeitoso, com veneração — *admirari*.

Em Goethe, há uma passagem que firma o contrato, cujas cláusulas não ficam muito claras:

> MEFISTÓFELES. Pensando assim, bem podes arriscar-te.
> Façamos o *contrato*! Com delícia
> De meu poder verás as maravilhas.
> *Dar-te-ei o que homem nenhum viu.*
>
> FAUSTO. Que me hás de dar tu, pobre diabo?
> A mente humana e seu imenso anelo
> Acaso compreender podem os teus pares?
> [...]
>
> MEFISTÓFELES. Não me aterra a incumbência, posso dar-te
> Também desses tesouros. Mas, amigo
> O tempo ao fim lá chega em que somente
> Algum prazer gozar em paz queremos.
> ....
>
> FAUSTO. Terás todo o direito de lembrá-lo!
> Tal decisão não a tomei de leve:
> *Como vivo sou escravo, que me importa*
> *Sê-lo teu ou de outrem?!*
>
> MEFISTÓFELES. Hoje mesmo
> Ao jantar do Doutor farei serviço.
> Há morrer e viver porém, e peço
> Umas *duas regrinhas assinadas.*
>
> FAUSTO. *Escritura* também queres, pedante?
> A fé de homem honrado não conheces?
> Não é bastante que a palavra dada
> Para sempre me ligue em toda a vida?
> [...]

....

MEFISTÓFELES. Para que
Essa falação descomedida?
Qualquer papel nos serve, se assinares
Com um *pingo de sangue...*

FAUSTO. *No capricho*
Consinto, se com ele te contentas.

MEFISTÓFELES. *É o sangue um licor especialíssimo.*
(GOETHE, 2016, p. 90-92)

A visão de Fausto sobre a vida antes de ter atendido o seu caprichoso desejo de contentamento elucida bem a vida de Madalena e da jovem dócil antes da riqueza. Elas não têm a consciência de que seus casamentos são pactos fáusticos, que, a posteriori, as colocarão em um conflito interno. O momento do pedido de casamento, desajeitado nas palavras, é adornado pela atrativa emancipação burguesa, já que a livre iniciativa aponta para o progresso, para a realização, para a concretização de desejos, prometendo uma realização humana suprema para pessoas que jamais estarão satisfeitas, pois sequer fazem ideia do universo sem volta onde estão entrando.

No primeiro dia de casada de Madalena, tem-se a dimensão da fazenda e de quem é Paulo Honório. Do seu quarto dá para ver "o algodoal, o prado, o descaroçador com a serraria e a estrada, que se torce contornando um morro." (RAMOS, 2009, p. 110). Essa informação localiza Paulo Honório no Brasil, precisamente entre a segunda metade do século XVIII e começo do século XIX, tempo áureo do Ciclo do Algodão, todo voltado para o mercado externo, tendo como parceira econômica a Inglaterra que passava pelo auge da Revolução Industrial. Os tempos de prosperidade no mundo refletem um tempo semelhante no Brasil. O fazendeiro tem automóvel, telefone, põe um sistema de iluminação na cidade. Latifundiário, ele é o retrato da modernização no Brasil que caminha para a Revolução de

1930. Posteriormente, com a queda da bolsa, em 1929, período em que o algodão sofreu uma crise e a cultura do café despontou, Paulo Honório tem sua vida completamente modificada.

Nas duas narrativas, existem discussões de casal sobre a forma de os maridos lidarem com os negócios, porém, enquanto a dócil se fecha em um silêncio resignado, Madalena questiona, confronta e opina. Depois de casada, a dócil passa a trabalhar na loja de penhores do marido; Madalena passa a lecionar em S. Bernardo, criando um pequeno núcleo de educação popular para os filhos dos trabalhadores.

Pelos diálogos entre o penhorista e a dócil, é notório que a jovem trocou a opressão de endereço. Seu marido espera encontrar um modelo ideal de mulher, semelhante às personagens dos romances folhetinescos românticos nos quais a mulher é leal como um cão, devotada ao lar e ao casamento, é dócil e inofensiva, amando até mesmo os defeitos do marido. Acontece que, aos poucos, com sua individualidade achatada e seu lugar de fala inexistente, seu sonho de liberdade se desmancha no ar em face da realidade brutal e violenta com a qual se depara. Assim, agarrada à imagem da Virgem, ela toma uma decisão, presenciada por Lukéria, a empregada, cinco minutos antes de o marido chegar à casa:

> [...] está mergulhada tão fundo nos seus pensamentos que nem ouviu que eu parei e fiquei ali olhando daquele quarto. Vejo que ela parece que está sorrindo. Olhei bem para ela, dei meia-volta devagarinho, saí, mas fiquei cismando cá comigo, e de repente ouço que abriram a janela. Na mesma hora fui dizer que "está fresco, senhora, não vá pegar um resfriado", e de repente vejo que ela está subindo na janela e já está toda ali, de pé, na janela aberta, de costas para mim, segurando nas mãos o ícone. O meu coração pulou pela boca, e gritei: "Senhora, senhora!" Ela ouviu, fez que ia se virar para mim, só que não se virou, deu um passo adiante, apertou o ícone contra o peito e *se jogou da janela*. (DOSTOIÉVSKI, 2003, p. 82)

Madalena, em situação semelhante, não recebe apoio de Paulo Honório. É tratada com rispidez pelo marido que esbraveja, lembrando que ele entende de negócios e a *coloca em seu devido lugar*. Enquanto busca manter seu projeto educativo, alfabetizando crianças na fazenda, o marido — tomado pelo ciúme doentio — acusa a esposa de estar apaixonada por um trabalhador, em virtude de ela ter se posicionado contra a violência física em um rompante de fúria do latifundiário. A convivência vai se tornando insuportável.

Em uma conversa, ele tece o seguinte comentário:

> Não gosto de mulheres sabidas. Chamam-se intelectuais e são horríveis. Tenho visto algumas que recitam versos no teatro, fazem conferências e conduzem um marido ou coisa que o valha. [...] Aparecem nas cidades do interior, sorrindo, vendendo folhetos, discursos, etc. Provavelmente empestaram as capitais. Horríveis. (RAMOS, 2009, p. 158-159)

Obviamente, esse ponto de vista está vindo de um latifundiário que exporta algodão a respeito do movimento popular feminino. Essas mulheres a quem ele se refere estão debatendo sobre o direito ao voto e preparando o cenário para a primeira greve geral no Brasil, ainda na década de 1910.

A Constituição de 1891 permitia o voto de *eleitores*, *maiores de 21 anos* e *alfabetizados*, porém não havia expressamente um detalhe para as questões de gênero na lei porque não se cogitava a possibilidade de as mulheres votarem. Em 1928, a mossoroense Celina Guimarães Viana recebeu autorização judicial para votar, repercutindo nacionalmente e impulsionando outras mulheres. No ano seguinte, Alzira Soriano de Souza elegeu-se prefeita do município de Lajes, no Estado do Rio Grande do Norte, tornando-se a primeira prefeita eleita no Brasil.

> Em 1931, Getúlio concedeu voto limitado às mulheres, ou seja, somente solteiras, viúvas com renda própria ou casadas com a autorização do marido poderiam votar. Grupos feministas continuaram manifestando-se, alegando igualdade de voto entre homens e mulheres. Então, Getúlio Vargas assinou o decreto n.º 21.076, de 24 de fevereiro de 1932, o qual determinava que era eleitor o

cidadão maior de 21 anos, sem distinção de sexo, alistado na forma do código. (COSTA, 2017, p. 01)

Em junho de 1917, 400 operários (a maioria composta por mulheres) da Fábrica Têxtil Cotonifício Crespi, na Mooca, em São Paulo, paralisaram suas atividades, reivindicando aumento de salário, redução de jornadas de trabalho que sequer eram garantidos por lei. Na época, o movimento não foi amplamente divulgado, mas acabou se estendendo para outros setores econômicos em São Paulo, Rio de Janeiro e Porto Alegre, respectivamente.

A GAZETA

S. PAULO - QUARTA-FEIRA, 11 DE JULHO DE 1917

NOTAS DO DIA — ACTUALIDADES

SEGUNDA EDIÇÃO

A agitação proletaria extende-se por todas as fabricas

A CAPITAL PAULISTA AMEAÇADA DE UMA GREVE GERAL

Adhesões e mais adhesões

E' GRAVISSIMA A SITUAÇÃO

Reuniões, meetings, conferencias, desordens

Fig. 05 Jornal A Gazeta de 1917
Fonte: costa (2017)

Complementando o comentário sobre as mulheres intelectuais, conhecendo a formação de Madalena e sua disposição em voluntariar-se para alfabetizar filhos de trabalhadores, ainda assim, Paulo Honório deixa registrada uma marca linguística de não reconhecimento e desvalorização da esposa como ser social, tentando achatar seu protagonismo, embora — lapso de linguagem? — admita ter uma intelectual dentro de casa:

> Madalena, propriamente, não era uma intelectual. Mas descuidava-se da religião, lia os telegramas estrangeiros. E eu me retraía, murchava. Requebrando-se para o Nogueira, ao pé da janela, sorrindo! Sorrindo exatamente como as outras, as que fazem conferência. Perigo. [...] Erguia-me, insultava-a mentalmente: "Perua!" Lembram-se da tarde em que ele [Gondin] me deu parabéns, estupidamente? Familiaridade. E [Padilha e Gondin] discutiam as pernas e os peitos dela! Eu tinha razão para confiar em semelhante mulher? Mulher intelectual. (RAMOS, 2009, p. 159-160)

Era instruída, uma biblioteca. Discutia literatura, política, artes, religião com Padilha. Mas o ciúme amontoado do marido vai se apoderando da relação à medida que ela, já franzina, emagrecia, definhava a olhos vistos. Não bastassem as condições de opressão historicamente reguladas, legitimadas, aquela mulher vai perdendo a privacidade. No episódio da correspondência, Paulo Honório flagra a esposa escrevendo e pede para ler. Ela se nega a mostrar e uma briga explosiva acaba impregnando o espaço com mágoa e desrespeito:

> — Não tem que ver. Só interessa a mim.
> — Perfeitamente. Mas é bom mostrar. Faz favor?
> — Já não lhe disse que só interessa a mim? Que arrelia!
> — Mostra a carta, insisti segurando-a pelos ombros.
> Madalena defendia-se, ora levantando o papel com os braços estirados, ora escondendo-o atrás das costas:
> — Vá para o inferno, trate de sua vida.
> Aquela insistência enfureceu-me:
> — Deixe ver a carta, galinha.
> Madalena desprendeu-se e entrou a correr pelo quarto, gritando:
> — Canalha!
> D. Glória chegou à porta, assustada:
> — Pelo amor de Deus! Estão ouvindo lá fora.
> Perdi a cabeça:

> — Vá amolar a puta que a pariu. Está mouca, aí com a sua carinha de santa? É isto: puta que a pariu. E se achar ruim, rua. A senhora e a boa de sua sobrinha, compreende? Puta que pariu as duas. [...]
> — Assassino! (RAMOS, 2009, p. 165-166)

Três anos de casado e o último deles de ciúme. Quando o "vento se cansou de gritar à toa" (RAMOS, 2009, p. 193) e a mata ficou enfeitada de paus-d´arco florescidos, Madalena amanheceu: "estirada na cama, branca, de olhos virados, espuma no canto da boca". (RAMOS, 2009, p. 194)

Na condição de estrangeiro, Heathcliff se iguala socialmente à mulher do século XIX. Em face das sucessivas experiências de violência e de um projeto de vida jamais realizado com Catherine, ao que parece, ele também opta pela morte autoinfligida, impondo a si mesmo uma vigília incansável aliada a um jejum contínuo que o faz definhar e morrer. Por ser um tabu, Nelly Dean não revela à família, nem ao reverendo e nem ao médico, para que ele tenha um sepultamento, conforme os ritos religiosos. Contudo, relata para Lockwood:

> Suas faces estão encovadas os olhos injetados, como uma pessoa quase morta de fome e a ponto de ficar cega por não dormir. [...] E se, supondo-se que o senhor perseverasse no seu obstinado jejum e morresse por causa disso, se recusassem a enterrá-lo nos arredores da igreja? [...] O dr. Kenneth não conseguiu identificar a causa da morte do patrão. Ocultei-lhe o fato de que não comera nada por quatro dias, temendo que isso criasse problemas [...]. (BRONTË, 2016, p. 354,357)

A fala de Nelly, na verdade, acrescenta mais uma incógnita em torno de Heathcliff, que tem uma origem desconhecida e enriquece sem que se saiba como, finalmente, morrendo nessas circunstâncias não esclarecidas. Ademais, o proprietário deixa um grande problema jurídico para Hareton e Catherine. Detentor de *Wuthering Heights*, obtida de Hindley por meio de hipoteca e de *Thrushcross Grange*, graças ao delito de Linton, que assina um testamento em favor de seu pai sem ter idade para fazê-lo,

Heathcliff não deixa herdeiros de suas propriedades. Em um caso como esse, as leis inglesas determinam que os bens teriam de ser destinados à Coroa Inglesa, que por reversão de bens receberia os imóveis e por *bona vacantia2* seria depositária das posses móveis ou imateriais. Em princípio, Hareton e Catherine ficam destituídos de quaisquer posses, restando a ambos o esforço de anulação de tais decisões.

Heathcliff, Madalena, a dócil e a própria autora de *O papel de parede amarelo* — exceto a mulher enferma, que enlouqueceu — chegaram a um ponto extremo em comum: o *suicídio*. Todos foram aniquilados, não antes sem tentar constituir suas identidades, encaixados em padrões justificados por um modelo legal vigente que interfere nas suas vidas de forma sistêmica e violenta em várias nuances.

"Se a justiça é o critério dos fins, a legalidade é o critério dos meios" (1986, p. 162), disse Benjamin, ao examinar a relação da violência com os campos da lei e da justiça em seu texto *Para a crítica da violência*, no qual revisa criticamente o kantismo e demonstra seu engajamento com a teoria da arte do romantismo alemão. Em um dado momento, ele elucida uma dicotomia, ao fazer uma distinção entre a *violência preservadora do direito* e a *violência fundadora do direito* e cita a greve para exemplificar a discussão. O Estado *não caracteriza a greve como ato — inicialmente violento*, mas, *para o trabalhador*, *é desde sempre um ato de violência*, já que o Estado pode lançar mão da violência legalizada como instrumento preservador da lei. Por um lado, existe a cisão entre a violência revolucionária, fundadora de outro direito, e a violência preservadora do direito, que opera dentro da legalidade existente. Por outro, o corte que tem lugar na própria condição de possibilidade da violência, sua caracterização ao mesmo tempo como violência, quando lida do ponto de vista do trabalhador, e não violência, quando lida do ponto de vista do Estado. Em resumo, a violência-origem-do-direito e a violência-modo-de-reprodução-cotidiana-do-direito.

[2] Expressão latina que designa bens sem proprietário.

Trazendo esse exemplo para o universo do capital, com o advento da propriedade privada, por meio do contrato que é o casamento, o Estado legitima a alteração tanto da vida pública quanto da vida privada das mulheres. Primeiro, promove o isolamento da mulher no lar e, depois, para assegurar que o contrato não seja desfeito, ainda se utiliza de subterfúgio penal, criminalizando o adultério que, na prática, só funciona unilateralmente contra mulheres. Porque, por trás desse texto, existe uma voz masculina patriarcal.

Na verdade, Benjamin observa que

> a origem de qualquer contrato remete à violência. Ela não precisa estar imediatamente presente no contrato, enquanto poder instituinte de direito, mas está representada nele, na medida em que o poder que garante o contrato jurídico é, por sua vez, de origem violenta, quando não é, no próprio contrato, legitimamente instituída pela violência. (1986, p. 167)

Os personagens dos romances, quando buscam se encaixar no padrão, têm que abrir mão de si mesmos; quando discordam da lógica de funcionamento da sociedade, acabam quebrando contratos e se colocando em uma posição de ruptura com a família, com o sistema jurídico, com as tradições culturais e/ou também religiosas. A menos que se organize em classes, o destino de quem trava uma luta solitária é enlouquecer ou encontrar alívio na morte autoinfligida, já que o caminho para a ruptura de padrões é sem volta.

Tabu nas sociedades, no contexto artístico, o suicídio sempre será um ato simbólico social e coletivo. Enquanto na vida real, a família e a sociedade ficam diante de peças de um quebra cabeças que não se encaixam para descobrirem a motivação de um suicídio, a arte da ficção se encarregará de oferecer um conhecimento completo, comunicando poeticamente (CANDIDO, 2018). Por isso, aquilo que cada indivíduo faz de si mesmo não consiste em uma atitude ou ideia engendrada unicamente por ele mesmo. Todo indivíduo sofre grande influência e imposição coercitiva externa.

Sendo assim, não se pode falar de indivíduos sem considerar o seu aspecto social. Neste contexto, o suicídio passa a ser uma *questão social*. Ao mesmo tempo, é um *fenômeno coletivo*, ainda que se tenha uma causa particular aparente para o ato, pois ele é bem mais que o resultado de um simples fator. Pode-se assinalar a existência de uma situação social, palmilhada pela violência explícita ou velada, específica que predispõe o indivíduo a se matar.

Para o universo ficcional dos romances, do conto e da novela citados nesta tese, já que esse tipo de morte vem carregado de elementos simbólicos, será utilizada a definição de Durkheim (1982) para o suicídio como sendo "todo caso de morte que resulta direta ou indiretamente de um ato, positivo ou negativo, realizado pela própria vítima e que ela saiba que produzirá esse resultado". O autor analisa as relações entre o indivíduo e a sociedade, focalizando o suicídio como um ato social.

O ato suicida deve ser delimitado como uma renúncia à existência, considerando-se o objetivo da pessoa: o de não se submeter a um sistema que a oprime e impede que tenha dignidade, mesmo que isso represente deixar impressa a sua aniquilação por este. O fato é que, no momento de agir, a pessoa deve saber o que resultará de sua ação, seja qual for a razão que a conduziu para isso.

Durkheim (1982, p. 19) afirma que "cada sociedade tem para cada momento de sua história, uma disposição definida para o suicídio". De acordo com o autor, a taxa de mortalidade por suicídio é constante durante longos períodos de tempo e sua invariabilidade é maior do que a dos principais fenômenos demográficos.

No século XIX, por exemplo, ocorreu um aumento significativo de suicídios, principalmente de mulheres, a ponto de Marx apresentar dados e discuti-los. Para isso, em *Sobre o suicídio*, firmou a coautoria com Jacques Peuchet, um ex-arquivista policial que ocupou outros cargos públicos, tendo sido membro do partido monarquista. Como diretor dos arquivos da polícia francesa, ele levantou dados estatísticos, catalogou os casos de suicídio, estudando as possíveis causas.

Em seu estudo, ele apresenta uma tabela contendo um levantamento de casos em Paris, durante o ano de 1824. No total, 371 pessoas, das quais 239 eram do sexo masculino e 132 do sexo feminino que entraram nessas estatísticas da seguinte forma: 125 sobreviventes (tentativas sem sucesso) e 246 vítimas fatais. Entre os tipos de morte: queda voluntária (47), queda de cavalo (38), por uso de instrumento perfuro-cortante (40), por uso de arma de fogo (42), por envenenamento (28), asfixia por carvão (61), afogamento voluntário (115). Finalmente, os motivos: paixão, brigas e desgostos domésticos (71); doenças, depressão, fraqueza de espírito (128); má conduta, jogo, loteria, medo de censura, castigos (53); miséria, necessidade ou perda de emprego, mudança de posto de trabalho (59); motivos desconhecidos (60). (MARX, 2016, p. 51-52).

Marx tece uma crítica sobre a sociedade burguesa, mostrando que seus hábitos criam um estilo de vida antinatural. Dessa forma, ele se contrapõe à Madame Staël. Enquanto ela defende ser o suicídio uma ação antinatural que não deve ser considerado um ato de coragem, sustentando a ideia de que é mais digno lutar contra o desespero do que a ele sucumbir, ele, de forma bastante enfática, mostra que é

> absurdo considerar antinatural um comportamento que se consuma com tanta frequência; o suicídio não é, de modo algum, antinatural, pois diariamente somos suas testemunhas. O que é contra a natureza não acontece. Ao contrário, está na natureza de nossa sociedade gerar muitos suicídios [...]. (MARX, 2016, p. 25)

Suas análises incluem os males — baixos salários, desempregos, miséria — econômicos produzidos pelo capital que explicam as causas. Seu coautor, por sua vez, ressalta as injustiças sociais que não são diretamente econômicas, mas dizem respeito à vida privada dos indivíduos. Para Marx/Peuchet, a crítica da sociedade burguesa não pode se limitar somente à questão econômica, mas assumir um amplo caráter social e ético, incluindo todos os seus profundos e múltiplos aspectos opressivos.

Além disso, explana quatro casos de suicídio nessa obra. Entre eles, dois envolvendo mulheres da classe burguesa e outros dois envolvendo pessoas de origem popular. Em um protesto apaixonado contra o patriarcado, denuncia a tirania familiar que a Revolução Francesa não conseguiu derrubar. Esses casos foram selados mais por questões de gênero do que pela classe social a que pertenciam. Destacam-se, aqui, três deles: o caso da filha, o de uma esposa e o de uma jovem que abortou.

Evocando Rousseau, chama atenção para um traço da sociedade burguesa: a indiferença à dor do outro; defende uma reforma da ordem social; enumera fatores desencadeadores do suicídio ocorridos na experiência da vida privada, tais como, maus tratos, injustiças, castigos secretos que pais e maridos põem em prática.

Respectivamente, no primeiro, ele mostra o abuso de autoridade dos pais que, ao descobrirem a perda da virgindade da filha, ainda noiva, submetem--na a um constrangimento público. No segundo caso, comparando o marido a um senhor de escravos, ele relata que a esposa era mantida em cativeiro pelo ciumento e irascível marido, até que o desespero a leva ao suicídio. De forma poética, ele diz que "O ciúme se nutre das coisas mais insignificantes; quando não sabe mais em que se agarrar, consome a si mesmo e torna-se engenhoso; tudo lhe serve como alimento". (MARX, 2016, p. 36). No terceiro, uma jovem entra em conflito com as regras da família patriarcal e é levada ao suicídio pela hipocrisia social e pelas leis burguesas.

Naquele período, ele observou e destacou o isolamento como traço da sociedade burguesa que está entre os fatores de risco no mundo contemporâneo. Quem é Madalena senão um indivíduo isolado dos demais em uma fazenda? É uma entre milhões, numa espécie de solidão em massa. Quem é a dócil? Uma pessoa que interage na casa de penhor, sem amigos, que mantém um casamento pautado pela relação de hostilidade, egoísmo e opressão. Quem é Heathcliff? Um estrangeiro dentro de uma xenofóbica sociedade inglesa de luta e competição impiedosas. Cada indivíduo é um núcleo de guerra em seus mundos particulares, cujas circunstâncias o obrigam a ser vítima ou carrasco em contextos sociais propiciadores de desespero e de suicídio.

Por fim, o suicídio desencadeia a sagração redentora da narrativa, ao apresentar narradores maniqueístas — Paulo Honório e o penhorista — com uma imensa "necessidade de depor", utilizando estratégias metaficcionais, com finalidade humanizadora em um trabalho primoroso de composição.

A esses narradores em primeira pessoa, vem a redenção de uma "pena" — nos dois sentidos: de instrumento que escreve arduamente e de sanção autoimputada por essas memórias. No exercício catártico de produção, aquilo que parece ser uma saudade é, na verdade, arrependimento e também falta. Há desejo de reviver algo que não pode ser recuperado, porque o relógio não pode andar para trás. Inclusive, a referência ao tempo aparece em vários momentos da novela *A dócil* e do romance *S. Bernardo*. A única possibilidade de "reviver" ocorre na memória, que é trabalho. Assim, eles não só eternizam como usam "o ingrediente mais acessível para a cura: as histórias". (ESTÉS, 1994, p. 459).

Quando escreveu *O último poema*, Manuel Bandeira revelou um desejo: que a criação poética tivesse "A paixão dos suicidas que se matam sem explicação".

Mas, diante de toda a peregrinação terrena dos personagens de Brontë, Graciliano Ramos e Charlotte Gilman, no calor das lutas de classes, é necessário, neste momento, abandonar Bandeira e abraçar o bardo inglês:

> *Ser ou não ser — eis a questão.*
> Será mais nobre sofrer na alma
> Pedradas e flechadas do destino feroz
> Ou *pegar em armas contra o mar de angústias —*
> *E, combatendo-o, dar-lhe fim? Morrer; dormir;*
> Só isso. E *com o sono — dizem — extinguir*
> *Dores no coração e as mil mazelas naturais*
> A que a carne é sujeita; eis uma consumação

Ardentemente desejável. [...]
Pois quem suportaria
o açoite e os insultos do mundo, [...]
Podendo, ele próprio, encontrar seu repouso
Com um simples punhal?
(SHAKESPEARE, HAMLET — Ato III, Cena I, 1599)

Angustiado com a aparição do fantasma do pai, cuja cobrança de justiça lhe é obrigada, caso contrário não deixaria de aparecer, Hamlet vislumbra tirar a própria vida, reiterando a voz de Plínio, o Velho, que, no antigo império romano, já dizia: "em todas as misérias de nossa vida terrena, poder abranger nossa própria morte é o melhor presente de Deus ao homem", louvando o suicídio como uma possível escolha, dentre as poucas que possuímos.

CONCLUSÃO

Em termos de produção estética, de correntes filosóficas, de avanços científicos, o século XIX certamente foi um rio caudaloso. Antes de selecionar o *corpus* para essa tese, já existia uma escolha sobre esse período, só não havia certeza sobre quais obras figurariam como referência. Durante o levantamento dos autores, as leituras até a composição do texto, o Brasil de 2015 caminhou para 2019 na contramão da História, marcando um tempo de ascensão de forças retrógradas e movimentos que passaram a ameaçar a soberania das liberdades individuais.

Enquanto os conflitos aconteciam no Brasil de 2019, deixando cicatrizes profundas no povo brasileiro, no meio ambiente e na própria História do país, a terra segue como objeto para o capital estrangeiro.

A tese apresentada, curiosamente, elegeu a terra como um elemento-chave no ponto de tensão da luta de classes tanto na Inglaterra proletária do século XIX, presentificada em *O morro dos ventos uivantes*, quanto no Brasil Rural dos anos 1930, disposto em *S. Bernardo*. Escrever a respeito desses contextos foi uma tentativa de refazer e propor discussões de dois grandes momentos da produção literária, como os nomes de Emily Brontë e Graciliano Ramos sem deixar de sentir os novos ares da contemporaneidade, já que o Brasil de 2019 agoniza e luta por pautas que foram discutidas na Europa do século XVIII.

Em ambos os romances, a propriedade se reveste de um caráter identitário para homens reificados, com seus traços peculiares: de um lado, as aventuras amorosas e mal fadadas do cigano Heathcliff, demonstrando o drama romântico da sociedade vitoriana; de outro, as peripécias intempestivas e rancorosas do pretendente a coronel, Paulo Honório, em um drama realista de um patriarcado azedo em terras brasileiras. Assim, trazem à tona uma dimensão subterrânea das sociedades em que estão imersas sob um viés notadamente marxista. S. Bernardo dos Ventos Uivantes é uma tese sobre latifúndio-gente e também sobre gente-coisa, inconciliáveis pela tamanha violência na demarcação de terras, de identidades, de processos complexos da atividade humana. Seja no processo de industrialização inglesa, seja no ruralismo brasileiro, a terra é perpassada, em suas dimensões de tempo e espaço, pela ganância humana, representando os laços de poder que isso demanda.

Ler comparativamente os universos poéticos de Brontë e de Graciliano, sob essa perspectiva histórica e marxista, foi um tanto melancólico e desolador, pois à medida que a discussão sobre a *instituição da propriedade privada* e seus desdobramentos era reavivada na tese, foi inevitável o exercício do olhar para o presente, em face da tensa luta de classes que fazia emergir a extrema-direita no Brasil de 2019. A pergunta que muitas pessoas fizeram: para onde o brasileiro está se deixando levar? É isso mesmo? Observar as estratégias exitosas de distração e manipulação midiáticas de massas, regando um terreno desértico de consciência de classes e fértil de ódio, misoginia e analfabetismo funcional passou a sensação de que a democracia é, de fato, só uma vertigem.

Os altos e baixos do personagem Heathcliff com os golpes duros da vida tão aridamente impressos nas marcas de linguagem funcionavam como um aviso de que tudo que é sólido se desmancha no ar: tanto os regimes democráticos quanto os regimes totalitários. No que Heathcliff se tornou senão na morte de uma utopia? É por isso que dói ler Emily. Parece que a felicidade não é feita para durar. Ela aparece em lampejos para dar lugar à luta. É a luta que prevalece nas relações entre pessoas, nas famílias, nas sociedades, entre as nações.

Aqueles pequenos universos familiares dos Earnshaw, dos Lintons, de Paulo Honório e Madalena são uma extensão da terra, enquanto propriedade, e, por mais que tentem, não podem escapar dessa lógica do capital. Cada tipo é um pedaço regional com linguagem específica, com cheiro de povo que aponta para a ancestralidade.

Mesmo com a contribuição da Psicologia, do Direito, da Sociologia, entre outras áreas importantes, a Literatura está lá na base de tudo isso, pois o homem é, antes de tudo, a narrativa de seus pedaços em vestígios, traços, memórias. É olhando para trás que se tem a exata medida de algo essencial: no que o ser está se transformando nessa lógica do ter.

Embora tenha sido erigida sob as chaminés das fábricas inglesas, a teoria marxista faz muito sentido para nomear os processos de opressão e desalienar indivíduos reificados. Sua maior contribuição foi deixada para a classe trabalhadora. Por isso querem dançar sobre o seu epitáfio. Ela incomoda porque fala para/com os "vencidos" da História que, quando percebem o padrão do papel, rasgam, irrompem em uma revolução.

É bem verdade que, em sua doutrina econômica, Marx cometeu deslizes, quando não considerou a mulher em uma forma particular de exploração, excluindo de *O Capital* a força do trabalho doméstico feminino, porém deixou todo um embasamento com conceitos-chave para que sua voz se perpetue. Sua teoria nasceu para ser construída assim: coletivamente. Politicamente, não contava com os grandes movimentos políticos em massa no século seguinte — a Inglaterra não tinha partidos políticos que movessem as massas da forma organizada em que aparecem no século xx. Porém sua notável grandeza filosófica segue intacta, sobrevivendo às tentativas da extrema-direita de decretarem seu óbito.

Com esse embasamento marxista amparando os romances, buscou-se oferecer uma leitura, a saber, a constituição das identidades dentro da ótica do capital.

E sempre que a cadela do fascismo estiver no cio — e ela sempre está à espera de uma brecha, seja ela jurídica, seja ela política, seja ela religiosa, ou as três juntas — a voz de Graciliano ecoará lá das memórias do cárcere:

Liberdade completa ninguém desfruta: começamos oprimidos pela sintaxe e acabamos às voltas com a Delegacia de Ordem Política e Social, mas, nos estreitos limites a que nos coagem a gramática e a lei, ainda nos podemos mexer.

Heathcliff - Heinkel Huguenin

REFERÊNCIAS

Dos autores

BRONTË, E. (1992). *Complete Poems*. New York: Penguin Books.

____. (1981). *O Morro dos Ventos Uivantes*. São Paulo: Círculo do Livro.

____. (2007). *Wuthering Heights/O Morro dos Ventos Uivantes*. Bilíngue. São Paulo: Landmark.

RAMOS, G. (1974). *Alexandre e Outros* Heróis. São Paulo: Martins.

____. (1988). *Angústia*. São Paulo: Círculo do Livro.

____. (1984). *Caetés*. Rio de Janeiro: Record.

____. (1982). *Cartas*. Rio de Janeiro: Record.

____. (1984). *Infância*. Rio de Janeiro: Record.

____. (1982). *Insônia*. Rio de Janeiro: Record.

____. (1980). *Linhas Tortas*. Rio de Janeiro: Record.

____. (1985). *Memórias do Cárcere*. Rio de Janeiro: Record.

____. (2009). *S. Bernardo*. Rio de Janeiro: Record.

____. (1984). *Viagem*. Rio de Janeiro: Record.

____. (1971). *Vidas Secas*. São Paulo: Martins.

____. (1976). *Viventes das Alagoas*. Rio de Janeiro: Record, Martins.

Geral

ABDALA JR., B. (2004). *A Escrita Neo-Realista*. São Paulo: Ática.

____. (2017). [ORG.] *Graciliano Ramos. Muros Sociais e Aberturas Artísticas.* Rio de Janeiro/São Paulo: Record.

ADORNO, T. (2003). A posição do narrador no romance contemporâneo. IN: *Nota de Literatura I*. Ed. 34. São Paulo: Ed. 34.

ALBUQUERQUE JÚNIOR, D. M. (2016). *Xenofobia: medo e rejeição ao estrangeiro.* São Paulo: Cortez.

ALTHUSSER, L. (2001). *Aparelhos Ideológicos de Estado.* Rio de Janeiro: Graal.

AMORIM, M. S. (2012). *Autobiografia e Autodidatismo no Projeto Literário de Graciliano Ramos.* Natal: EDUFRN.

ASSIS, M. (1885). O socialista Petroff. IN: *Gazeta de Notícias*. Rio de Janeiro: Edição 13, tela 2. Disponível em: <http://memoria.bn.br/hdb/periodico.aspx> Acesso em: maio de 2019.

ASSIS, M. (1904). *Esaú e Jacó.* Rio de Janeiro: Garnier Livreiro-Editor.

BAHKTIN, M. (2006). *Estética da Criação Verbal.* São Paulo: Martins Fontes.

BALZAC, H. *Fisiologia do Casamento.* São Paulo: Edições O Livreiro, N/C.

BANDEIRA, M. (2006). *50 Poemas Escolhidos pelo Autor.* São Paulo: Cosac Naify.

BATAILLE, G. (1989). *A Literatura e o Mal.* São Paulo: L&PM.

BAUMAN, Zygmunt. (2005). *Identidade: entrevista a Benedetto Vecchi.* Trad. Carlos Alberto Medeiros. Rio de Janeiro: Jorge Zahar.

BEAUVOIR, S. (2016). *O Segundo Sexo.* A experiência vivida. Rio de Janeiro: Nova Fronteira.

____. (2016). *O Segundo Sexo.* Fatos e Mitos. Rio de Janeiro: Nova Fronteira.

BELLEI, S. L. P. (2000). *Monstros, Índios e Canibais: ensaios de crítica literária e cultural.* Florianópolis: Editora Insular.

BENJAMIN, W. (1975). *A Modernidade e os Modernos.* Rio de Janeiro: Tempo Brasileiro.

____. (1986). *Documentos de Cultura, Documentos de Barbárie.* São Paulo: Cultrix.

____. (1994). *Magia e Técnica, Arte e Política: ensaios sobre literatura e história da cultura.* São Paulo: Brasiliense.

BERGER, P.; LUCKMANN, T. (1976). *A Construção Social da Realidade.* Petrópolis: Vozes.

BERTRAND, D. (2003). Narratividade e discursividade: pontos de referência e problemáticas. IN: *Significação. Revista Brasileira de Semiótica.* São Paulo.

BOLLE, W. (1994). *Fisiognomia da Metrópole Moderna.* Representação da história em Walter Benjamin. São Paulo: Edusp.

BORELLI, Andréa. Adultério e a Mulher: considerações sobre a condição feminina no Direito de família. IN: *Revista JH*, v. 2, n. 4. Disponível em: <tj.rs.gov.br/institu/memorial/RevistaJH/vol2n4/05-Andrea_Borelli.pdf>. Acesso em: setembro de 2018.

BOSI, A. (2013). *Entre a Literatura e a História.* São Paulo: Editora 34.

BOSI, E. (1994). *Memória e Sociedade: lembranças de velhos.* 3. ed. São Paulo: Cia das Letras.

BOTTING, F. (1997). *Gothic.* London: Routledge.

BOTTOMORE, T. (2012). *Dicionário do Pensamento Marxista.* Rio de Janeiro: Zahar.

BOURDIEU, P. (1979). Os três estados do capital cultural. IN: NOGUEIRA, M. A.; CATANI, A. [ORG.]. *Escritos de Educação.* 3. ed. Petrópolis: Vozes.

BRANDÃO, C. R. (1986). *Identidade e Etnia: construção da pessoa e resistência cultural.* São Paulo: Brasiliense.

BUTLER, J. (2016). *Problemas de Gênero: feminismo e subversão da identidade.* Rio de Janeiro: Civilização Brasileira.

CÂNDIDO, A. (2018). A personagem do romance. IN: CÂNDIDO, A. *A Personagem de Ficção.* São Paulo: Perspectiva.

____. (2013). *Formação da Literatura Brasileira: momentos de*cisivos. Rio de Janeiro: Ouro sobre Azul.

____. (2011). *Literatura e Sociedade.* Rio de Janeiro: Ouro sobre Azul.

____. (2006). *Ficção e Confissão*. Rio de Janeiro: Ouro sobre Azul.

____. (1964). *Tese e Antítese*. São Paulo: Cia Editora Nacional.

CARPEAUX, O. M. (1978). *História da Literatura Ocidental.* Rio de Janeiro: Alhambra.

CASSORLA, R. M. S. (1985). *O Que é Suicídio.* São Paulo, Brasiliense.

CARVALHO, S. P. P. (2007). *A Tradução do Socioleto Literário: um estudo de Wuthering Heights.* Tese de doutorado. São Paulo: USP. Disponível em: <teses.usp.br/teses/disponiveis/8/8147/tde-09112007-142700/pt-br.php.> Acesso em: outubro de 2013.

CASTELLS, M. (2008). *O poder da Identidade*. 6. ed. São Paulo: Paz e Terra. Publicado originalmente em 1942.

CASTRO, A. T. (2017). São Bernardo e a experiência trágica do homem moderno sob o espectro da alienação. IN: ABDALA JR., B. [ORG.]. *Graciliano Ramos. Muros sociais e aberturas artísticas*. Rio de Janeiro/São Paulo: Record.

CHAUÍ, M. (2000). Janela da alma, espelho do mundo. IN: AGUIAR, F. [ORG.]. *O Olhar*. São Paulo: Companhia das Letras.

CHINITA, F. Metanarrativa cinematográfica: a ficcionalização como discurso autoral. IN: BAPTISTA, T.; MARTINS, A. *Atas do II Encontro Anual da AIN*. Disponível em: <aim.org.pt/?p=publications> Acesso em: dezembro de 2018.

CLARK, S. (2006). *Pensando com os Demônios.* A ideia da bruxaria no princípio da Europa moderna. São Paulo: EDUSP.

COSTA, C. 1ª greve geral do país, há 100 anos, foi iniciada por mulheres e durou 30 dias. IN: *BBC News Brasil.* Disponível em: <bbc.com/portuguese/brasil-39740614> Acesso em: abril de 2019.

COUTINHO, C. N. (1990). Graciliano Ramos. Ensaios sobre ideias e formas. IN: COUTINHO, C. N. *Cultura e Sociedade no Brasil.* Belo Horizonte: Oficina de Livros.

COUTINHO, E. G. (2010). *Problemas Teóricos da Comunicação.* Programa de Pós-Graduação da Escola de Comunicação da Universidade Federal do Rio de Janeiro. Guarapuava/PR, notas de aula.

DAVISON, C. M. *History of the Gothic: Gothic Literature 1764-1824.* Cardiff: University of Wales Press, 2009. Disponível em: <books.google.com.br/books?isbn=1783163879> Acesso em: de 2017.

DIAS, D. L. F. (2011). *A Subversão das Relações Coloniais em O Morro dos Ventos Uivantes: questões de gênero.* João Pessoa: UFPB. Tese de doutorado. Disponível em: <bdtd.biblioteca.ufpb.br/tde_busca/arquivo.php?codArquivo=1555> Acesso em: outubro de 2015.

DOSTOIÉVSKI, F. (2000). *Memórias do Subsolo.* São Paulo: Editora 34.

DURKHEIM, E. (1982). *O Suicídio.* Rio de Janeiro: Zahar.

EAGLETON, T. (2011). *Marxismo e Crítica Literária.* São Paulo: UNESP.

_____. (2012). *Marx Estav*a Certo. Rio de Janeiro: Nova Fronteira.

_____. (2005). *Myths of Power: a marxist study on the Brontë* sisters. Anniversary edition. New York: Palgrave.

ENGELS, F. (2018). *A Origem da Família, da Propriedade Privada e do Estado.* Rio de Janeiro: BestBolso.

_____. (2015). *A Situação da Classe Trabalhadora na Ing*laterra. São Paulo: Boitempo.

ESTÉS, C. P. (1994). *Mulheres que Correm com os Lobos.* Rio de Janeiro: Rocco.

FALLEIROS, M. F. F. (2010). O manifesto comunista e S. Bernardo. IN: GALLE, H., MAZZARI, M. [ORGS.]. *Fausto e a América Latina.* São Paulo: Humanitas.

_____. Graciliano e I Malavoglia. IN: *Anais do XV Congresso Internacional abralic.* Disponível em: <abralic.org.br/anais/arquivos/2017_1522173476> Acesso: setembro de 2018.

_____. A figura da grade. IN: *Teresa. Revista de Literatura Brasileira. Departamento de Letras Clássicas e Vernáculas.* FFLCH- Faculdade de Filosofia, Letras e Ciências Humanas da USP. São Paulo: Editora 34, 2002. *No 3.*

FEDERICI, S. (2017). *Calibã e a Bruxa.* Mulheres, corpo e acumulação primitiva. São Paulo: Editora Elefante.

FÓRUM DE DIREITO DE ACESSO A INFORMAÇÕES PÚBLICAS. *A Política do Mestre Graciliano Ramos.* Disponível em: <informacaopublica.org.br>. Acesso em: outubro de 2018.

FOUCAULT, M. (1979). *Microfísica do poder.* Rio de Janeiro: Edições Graal.

GARBUGLIO, J.; BOSI, A.; FACIOLI, V. (1987). *Graciliano Ramos.* São Paulo: Ática.

GILMAN, C. P. (2018). *O Papel de Parede Amarelo.* Rio de Janeiro: José Olympio.

GOETHE, J. (2016). *Fausto.* Trad. Agostinho D'ornellas. São Paulo: Martin Claret.

GOMBATA, M. *O Engajamento Libertário de Graciliano Ramos.* Disponível em: <cartacapital.com.br/cultura/o-engajamento-libertario-de-graciliano-ramos-8359.html. Acesso em: outubro de 2018.

HALBWACHS, M. (2013). *A Memória Coletiva.* São Paulo: Editora Centauro.

HALL, S. (2006). *A Identidade Cultural na* Pós-modernidade. 11. ed. Rio de Janeiro: DP&A.

HARNECKER, M. (1973). *Os Conceitos Elementais do Materialismo Histórico.* [s.l.]: [s.n.].

HEGEL, G. W. F. (2002). *Fenomenologia do Espírito.* Petrópolis: Vozes.

HUGO, V. (2006). *Do Grotesco e do Sublime.* São Paulo: Perspectiva.

JANZ, R. (2012). Ausente e Presente: sobre o paradoxo da aura e do vestígio. IN: SEDLMAYER, S; GINZBURG, J [ORG.]. *Walter Benjamin: rastro, aura e história.* Belo Horizonte: ED. UFMG.

KONDER, L. (2016). *Em Torno de Marx.* São Paulo: Boitempo.

KOSOVSKI, E. (1997). *O Crime de Adultério.* Rio de Janeiro: Mauad.

LA BOÉTIE, É. (2017). *Discurso da Servidão Voluntária.* São Paulo: Martin Claret.

LAFETÁ, J. L. (1987). Narrativa e busca. IN: GARBUGLIO, J.; BOSI, A.; FACIOLI, V. *Graciliano Ramos*. São Paulo: Ática.

____. (1995).O mundo à revelia. IN: RAMOS, Graciliano. *São Bernardo*. Pósfácio de João Luiz Lafetá. Rio de Janeiro/São Paulo: Record.

LEBENSZTAYN, I.; SALLA, T. M. (2014). *Conversas*. Graciliano Ramos. Rio de Janeiro/São Paulo: Record.

LE GOFF, J. (1982). *História e Memória*. História, v. 1. Lisboa-Portugal: Edições 70.

____. (1982). *História e Memória*. Memória, v. 2. Lisboa-Portugal: Edições 70.

LEVI, P. (1988). *É Isto um Homem?*. Rio de Janeiro: Rocco.

LÖWY, M. (2008). *Romantismo e Messianismo*. São Paulo: Perspectiva.

LÖWY, M.; SAYRE, R. (2015). *Revolta e Melancolia*. São Paulo: Boitempo.

LUKÁCS, G. (2012). *História e Consciência de Classe*. São Paulo: Martins Fontes.

____. (1965). Introdução aos Escritos Estéticos de Marx e Engels. IN: *Ensaios sobre Literatura*. Rio de Janeiro: Civilização Brasileira.

MARX, K.; ENGELS, F. (2009). *A Ideologia Alemã*. São Paulo: Centauro Editora.

____. (2014). *Manifesto Comunista*. São Paulo: Martin Claret.

____. (1979). *Sobre Literatura e Arte*. São Paulo: Global.

MARX, K. (2010). *Crítica da Filosofia do Direito de Hegel*. São Paulo: Boitempo.

____. (2011a). *Grundrisse*. São Paulo: Boitempo.

____. (2010b). *Manuscritos Econômico-filosóficos*. São Paulo: Boitempo.

____. (2011c). *O Capital*. Livro I. São Paulo: Boitempo.

____. (2014b). *O Capital*. Livro II. São Paulo: Boitempo.

____. (2017). *O* Capital. Livro III. São Paulo: Boitempo.

____. (2016). *Sobre o* Suicídio. São Paulo: Boitempo.

MOURÃO, R. (1969). *Estruturas.* Ensaio sobre o Romance de Graciliano. Belo Horizonte: Tendência.

MURARO, R. M. (2017). Introdução de Rose Marie Muraro. IN: KRAEMER, H.; SPRENGER, James. *O Martelo das Feiticeiras.* Rio de Janeiro/São Paulo: Record.

NASSAR, R. (1989). *Lavoura Arcaica.* São Paulo: Cia. das Letras.

____. (1994). *Menina a caminho.* São Paulo: Companhia das Letras.

ORLANDI, E. P. (2015). *As Formas do Silêncio.* São Paulo: Unicamp.

____. (2001). *Interpretação: autoria, leitura e efeitos do trabalho simbólico.* Petrópolis: Vozes.

ROSDOLSKY, R. (2001). *Gênese e Estrutura de "O Capital" de Karl Marx.* Rio de Janeiro: EDUERJ; Contraponto.

SADE, M. (2015). *Histoire de Juliette, ou les Prospérités du vice.* France: Editions Humanis. Disponível em: <editions-humanis.com/illustrations/enfer/Juliette_extrait.pdf> Acesso em: agosto de 2018.

SADER, E. *Antes da CLT, a questão social era vista como caso de polícia.* Disponível em: <redebrasilatual.com.br/blogs/blog-na-rede/antes-da-clt-a--questao-social-era-questao-de-policia> Acesso em: agosto de 2018.

SALLA, T. M. (2012). *Garranchos.* Textos inéditos de Graciliano Ramos. Rio de Janeiro/São Paulo: Record.

SARAMAGO, J. S. (1997). *Todos os Nomes.* Portugal: Editorial Caminho,

SCHWARZ, R. [et. al]. (2017). *Nós que Amávamos tanto o Capital.* Leituras de Marx no Brasil. São Paulo: Boitempo.

SELIGMANN-SILVA, M. (2012). Narrativas contra o silêncio: cinema e Ditadura no Brasil. IN: SELIGMANN-SILVA, M.; GINZBURG, J.; HARDMAN, F. F. [ORG.] *Escritas da Violência. Representações da violência na história e na cultura contemporâneas da América Latina.* Rio de Janeiro: 7Letras.

____. (2013). Reflexões sobre a memória, a história e o esquecIMENTO. IN: SELIGMANN-SILVA, M. [ORG.]. *História, Memória e Literatura: o testemunho da era das cat*ástrofes. São Paulo: Unicamp.

SERUYA, T. (1995). *Sobre o Romance no Século XX, a reflexão dos escritores alemães*. Lisboa: Colibri.

TAKEDA, A. C. B. (2017). Romance e Tela: Paulo Honório, o "pobre-diabo". IN: ABDALA JR., Benjamin. [ORG.]. *Graciliano Ramos. Muros sociais e aberturas artísticas*. Rio de Janeiro/São Paulo: Record.

TODOROV, T. (2010). *A Literatura em Perigo*. 3. ed. Rio de Janeiro: Difel.

VARIKAS, E. (2014). *A Escória do Mundo: figuras do pária*. São Paulo: UNESP.

YOSHIDA, M. (2017). São Bernardo e Casa na Duna: proprietários rurais no capitalismo periférico. IN: ABDALA JR., B. [ORG.]. *Graciliano Ramos. Muros sociais e aberturas artísticas*. Rio de Janeiro/São Paulo: Record.

KALINA ALESSANDRA RODRIGUES DE PAIVA

nasceu em 1977, em Natal/RN, terra ponta de lança em movimentos sociais. Dra. em Estudos da Linguagem pela UFRN, é pesquisadora e leciona no IFRN. Poeta, mãe, militante do movimento feminista, membra do Mulherio das Letras Zila Mamede, da Sociedade dos Poetas Vivos e Afins do RN (SPVA) e da União brasileira dos Escritores (UBE), encontrou no marxismo ferramentas para analisar obras literárias que dão voz àqueles que são silenciados e/ou sofrem tentativa de apagamento pela estrutura hegemônica de poder. Sua obra acadêmica de estreia é um convite para enxergar a força do capital de um outro ângulo: na perspectiva do trabalhador, do proletário, do homem simples do campo, em suma, de quem sustenta uma nação no braço.

Foto por Aline Costa.